创新型大学生素质教育精品教材

互联网+职教改革新理念教材

湖南省职业教育优秀教材

点亮未来

——大学生职业生涯规划与就业指导

周　灿　主审

鲁玉桃　编著

教·学
资　源

江苏大学出版社
JIANGSU UNIVERSITY PRESS

镇 江

内 容 提 要

本书从实用角度出发，以"规划职业生涯—指导求职就业"为主线，阐述了大学生职业生涯规划与就业指导的相关知识，并系统训练大学生的职业规划能力及求职就业能力。全书共分 6 章，内容包括做好规划准备、规划职业生涯、认识就业市场、做好就业准备、维护就业权益、适应职业发展。

本书结构编排合理，内容深入浅出，语言通俗易懂，并配有丰富的案例和拓展阅读，集实用性、指导性、操作性于一体。本书既可作为各专业学生职业生涯规划与就业指导课程的教材，也可作为职业生涯规划与就业指导人员的参考书和从业人员的学习材料。

图书在版编目（Ｃ Ｉ Ｐ）数据

点亮未来 ：大学生职业生涯规划与就业指导 / 鲁玉桃编著. -- 镇江 ：江苏大学出版社，2019.9（2023.8 重印）
ISBN 978-7-5684-1192-9

Ⅰ．①点… Ⅱ．①鲁… Ⅲ．①大学生－职业选择－高等学校－教材 Ⅳ．①G647.38

中国版本图书馆 CIP 数据核字(2019)第 190299 号

点亮未来——大学生职业生涯规划与就业指导
Dianliang Weilai —— Daxuesheng Zhiye Shengya Guihua Yu Jiuye Zhidao

编　　著 / 鲁玉桃
责任编辑 / 汪　勇　吴小娟
出版发行 / 江苏大学出版社
地　　址 / 江苏省镇江市京口区学府路 301 号（邮编：212013）
电　　话 / 0511-84446464（传真）
网　　址 / http://press.ujs.edu.cn
排　　版 / 三河市祥达印刷包装有限公司
印　　刷 / 三河市祥达印刷包装有限公司
开　　本 / 787 mm×1 092 mm　1/16
印　　张 / 14.5
字　　数 / 335 千字
版　　次 / 2019 年 9 月第 1 版
印　　次 / 2023 年 8 月第 7 次印刷
书　　号 / ISBN 978-7-5684-1192-9
定　　价 / 45.00 元

如有印装质量问题请与本社营销部联系（电话:0511-84440882）

前 言
PREFACE

近年来，随着我国高等教育由精英教育步入大众化教育，大学毕业生人数逐年增加。数据显示，2021 年普通高校毕业生人数共计 909 万人，预计 2022 年将超过 1 000 万人。而高等职业教育是我国高等教育的一种类型，在国家越来越重视高等职业教育的今天，职业院校的毕业生规模也越来越大，学生的就业问题已成为社会关注的热点问题。

常言道："凡事预则立，不预则废。"对大学生来说，做好自己的职业生涯规划和接受科学的就业指导是非常必要的。教育部、人力资源和社会保障部要求：高校要按照"全程化、全员化、信息化、专业化"的要求，进一步提升就业指导和服务水平，将就业指导课程切实纳入高校教学计划。为贯彻落实这一重要精神，我们编写了本书。

《点亮未来——大学生职业生涯规划与就业指导》包括职业生涯规划指导与就业择业指导两大部分，旨在指导学生提升职业生涯规划与择业就业的能力。本书从实用的角度出发，以"规划职业生涯—指导求职就业"为主线，阐述了大学生职业生涯规划与就业指导的相关知识，并系统训练大学生的职业规划能力及求职就业能力。在内容安排上，遵循"理论知识够用，重视能力训练"的原则，将内容分为理论知识和基础训练两个部分。理论知识部分采用"案例导入—知识学习—拓展阅读"的结构编写，"案例导入"以生动有趣的案例激发学生学习兴趣；"知识学习"以精练简洁的语言阐述理论知识；"拓展阅读"对理论知识进行适当延伸，供教师和学生根据实际取舍。基础训练部分包括"探索活动"和"能力训练"，以项目任务的形式呈现，由学生分组合作完成，每个项目任务都有评价方式供教师和学生参考使用。

在编写过程中，本书重点突出以下特点：

1. 强化素养，启智润心

党的二十大报告指出："育人的根本在于立德。"本书有机融入党的二十大精神，秉承素质教育与能力教育同向同行的理念，将社会主义核心价值观有机地融入知识点和案例中。例如，本书在每个案例后均设置了"启智润心"栏目，以引导大学生树立正确的世界观、人生观、价值观，努力成长为中国特色社会主义建设者和接班人。

2. 校企共编，贴近实际

参编者之一为国家人力资源管理师，与数十所高职院校开展大学生职业规划和就业指导合作 17 年，熟悉高职院校大学生在职业规划过程中存在的主要问题及解决对策，熟悉用人单位的招聘流程及需求侧重点。本教材立足解决高职院校大学生在职业规划和求职就业中可能遇到的实际问题，以大量真实的案例、事例引导大学生合理规划职业，努力实现高质量求职就业。

3．学生主体，能力为本

无论是"知识学习"，还是"探索活动"和"能力训练"，注重培养学生的思辨能力。通过"案例导入""案例分析""课堂讨论"，引导学生积极思考，理解掌握相关知识。"探索活动"和"能力训练"，主要以小组团队的形式完成，引导学生自觉将理论知识转化为职业规划能力和求职就业能力，并积极培养团结协作、攻坚克难等职业品质。

4．动态更新，资源丰富

每次再版，都会适当调整更新，以确保内容的针对性和实用性。配套教学资源丰富，包括微课视频、拓展阅读和优质课件等，学生借助手机或其他移动设备扫描二维码即可获取相关内容的精彩视频，登录文旌综合教育平台"文旌课堂"（www.wenjingketang.com），可以下载电子教材、教学课件等资源。在学习过程中遇到疑问，也可登录该网站寻求帮助。

本书为湖南省教育科学规划大中专学生就业创业研究专项课题重点资助课题"高职院校职业发展与就业指导课程教学资源建设研究"（课题立项编号 XJK014AJC002）的阶段性研究成果。本书由周灿主审，鲁玉桃编著，李军雄、李海忠参与编写。在本书编著过程中，我们参考了大量的文献资料和网络资料。在此，对这些作者表示诚挚的谢意。

由于编者水平有限，书中难免存在疏漏与不当之处，敬请广大读者批评指正。

目 录
CONTENTS

第 一 章

做好规划准备

知 识 目 标

➢ 了解自我认识的主要内容。
➢ 理解职业的概念，了解职业的分类及职业环境分析的内容。
➢ 了解专业的概念，理解专业与职业的关系。

能 力 目 标

➢ 能够明确自身的价值观、职业兴趣、职业能力、气质类型和性格。
➢ 能够正确认识职业，对职业进行环境分析。
➢ 能够正确认识所学专业，明确所学专业的就业方向。

素 质 目 标

➢ 自觉树立职业规划意识。
➢ 积极培养职业兴趣。
➢ 自觉树立正确的职业价值观。

第一节 认识自我

案例导入

网红女"焊"子获大奖 为学电焊放弃当高铁乘务员

充满臭氧气味的工作间、厚厚的工作服、火光四射的焊接现场，除了红色的电焊防护面罩右下角一个娟秀的"莲"字，这些场景似乎跟一个芳龄 20 岁的女孩没有太大的关系。然而，就是这个"莲"字面罩的主人郑莲，多次在各种焊接大赛上斩获奖项。面罩后清秀的脸庞和工作间里的钢筋水泥形成的鲜明对比，让她被网友们戏称为女"焊"子，郑莲却毫不在意，她说："焊接就是我目前最喜欢的职业。"

穿着厚厚的白色防护服，戴着沾满污渍的红色防护手套，郑莲眉头微皱，盯着需要焊接的部位，一手拿过面罩遮住脸部，一手果决地拿起焊枪，一时间火花四射。这是郑莲日常工作中的常见场景，她说，这样的场景在过去的几年中基本占据了她学习生活的大部分时间，而那刹那间的电光石火，正是她与焊接技术结缘的关键。

"我从小生活在工业园区，经常看见有人在路边做焊接，妈妈总是拉着我让我不要看，但是我总忍不住偷看，焊接时的火花像焰火一样。"就是这一次次的忍不住偷看，在郑莲心里埋下了对焊接的兴趣与好奇。初中毕业后，郑莲做了一个与大部分孩子不太一样的决定：放弃升高中考大学，直接学习一门技术。最终，她选择了常州铁道高等职业技术学校的"焊接技术与自动化"专业。

"当初入学的时候，除了焊接，我还考虑过学高铁乘务专业。"郑莲说，身边不少人都觉得高铁乘务员更适合女生，但是她和妈妈都坚定地觉得要学一门技术。郑莲的妈妈李女士表示，她和女儿的想法比较一致，加上女儿从小对焊接有兴趣，就尊重了孩子的决定。"我当然也希望女儿可以选择一份轻松的工作，但是她喜欢焊接，那就让她去学。"

如今，郑莲在中车戚机公司实习，指导她的是工厂有名的焊接大师张忠。"我们现在实习每天从早上 8 点到下午 5 点，挺辛苦的，但是跟着大师学自己最喜欢的技术，还是很开心。"郑莲表示自己目前的职业规划就是成为一名焊接大师，"虽然差很远，但是要向着这个目标努力。"

资料来源：新华网

问题与思考：
你如何看待郑莲的选择？

知识学习

想一想

（1）你认为自己是一个什么样的人？

（2）在周围人的眼中你是一个什么样的人？

（3）你眼中的自己和别人眼中的你有不一样的地方吗？你觉得你对自己的认识准确吗？

一、认知价值观

（一）价值观

价值观是指个人对客观事物（包括人、物、事）及对自己的行为结果的意义、作用、效果和重要性的总体评价，是对什么是好的、什么是应该的的总体看法，是推动并指引一个人采取决定和行动的原则、标准。价值观决定人的自我认识，直接影响和决定一个人的理想、信念、生活目标和追求的方向，对人自身行为的定向和调节起着非常重要的作用。其作用主要表现在两个方面：

（1）价值观对动机有导向的作用。人们行为的动机受价值观的支配和制约，价值观对动机模式有重要影响，在同样的客观条件下，具有不同价值观的人，其动机模式不同，产生的行为也不相同，只有那些经过价值判断被认为是可取的，才能转换为行为的动机，并以此为目标引导人们的行为。

（2）价值观反映人们的认知和需求状况。价值观是人们对客观世界及行为结果的看法和评价，它从某个方面反映了人们的世界观和人生观，反映了人的主观认知世界。

（二）职业价值观

职业价值观是人生目标和人生态度在职业选择方面的具体体现，是指一个人对职业的态度和认识，以及他对职业目标的向往和追求。从另一个角度来讲，职业价值观又体现着一个人最期待从工作中获得的东西。一个人的理想、信念、世界观对于职业的影响，都集中体现在职业价值观上。

俗话说："人各有志。"这个"志"表现在职业选择上就是职业价值观，它是一种具有明确目的性、自觉性和坚定性的择业态度和行为，对一个人的职业目标和择业动机起着决定性的作用。

（三）价值观与职业发展的关系

职业与价值观关系密切，二者若能很好地匹配，就能帮助工作者降低工作压力、提升工作士气、提高工作效率、赢得他人的合作、提升理解力、获得成就感、变得成熟。

职业价值观决定了人们的职业期望，影响着人们的职业目标选择。例如，在求职择业过程中，有人追求丰厚的收入、有人热衷于较高的社会地位、有人喜欢公平公正的工作环境等。这些职业价值观折射出我们的世界观和理想，进而影响着人们对就业方向和具体职业岗位的选择。

职业价值观是个人和工作匹配的基础之一。价值观与职业的契合度越高，职业的满意度就越高。这种满意度也在一定程度上决定着人们就业后的工作态度和工作质量。

职业规划案例

钱学森的爱国魂

1947 年，刚刚 36 岁的中国科学家钱学森，被美国麻省理工学院聘为终身教授。这是一个很高的荣誉，预示着钱学森在美国大学里会有优厚的待遇和远大的前程。

然而，当钱学森得知中华人民共和国成立的消息后，这个每时每刻都在思念祖国的科学家，顿时沉浸在极大的喜悦之中。钱学森在美国已经生活了十多年，又被誉为"在美国处于领导地位的第一位火箭专家"，金钱、地位、声誉他都有了。可他想："我是中国人，我的根在中国。我能够放下在美国的一切，但不能放下祖国。我就应早日回到祖国去，为建设新中国贡献自己的全部力量！"他还对中国留学生说："祖国已经解放了，国家急需建设人才，我们要赶快把学到的知识用到祖国的建设中去。"

钱学森准备回到中国的决定，引起美国有关方面的恐慌。他们认为：如果钱学森把他的专业技术带回去，中国的科学技术将高速前进。美国海军的一位领导人曾对美国负责出境的官员说："我宁可把钱学森枪毙了，也不让他离开美国！""钱学森至少值5个师的兵力"。

钱学森的回国计划受到严重阻挠。美国官方"文件"通知他不准离开美国。本来他的行李已经装上了驳船，准备由水路运回祖国。可美国海关硬说他准备带回国的书籍和笔记本中藏有重要机密，诬蔑钱学森是"间谍"。其实，这些书籍和笔记本，一部分是公开的教科书，其余都是钱学森自己的学术研究记录。

一波未平，一波又起。几天之后，钱学森突然被逮捕，关押在一个海岛的拘留所里，受到无休止的折磨。看守人员每天晚上每隔 10 分钟进室内开一次电灯，使他根本无法入睡。钱学森的遭遇引起加州理工学院坚持正义的同事和学生的同情，在他们和其他正直人士的强烈抗议下，美国特务机关被迫释放了他。可对钱学森的迫害并没有停止，他们限制他的行动，监视他的信件，监听他的电话等。尽管有种种限制，钱学森也没有屈服。他不断提出严正要求："坚决离开美国，回中国去！"

在争取回国的日子里，钱学森更加关心祖国的建设事业，经常从《华侨日报》等报刊上了解新中国的状况，和中国科学家、留学生讨论建设祖国的有关问题。为了能够迅速回国，他租房子只签订短时间的合同。家里准备了 3 只轻便的小箱子，时刻准备着搭飞机回中国。

5 年过去了。钱学森争取回国的斗争得到世界各国主持正义的人们的支持，更得到了中国政府的极大关怀。周恩来总理曾亲自了解他的状况，并指示出席中美两国大使级会谈的中国代表，在会谈中提出钱学森博士归国的问题。

1955 年 8 月，这场外交斗争取得了胜利，美国政府被迫同意钱学森回到中国。到达北京的第二天清晨，钱学森就和妻子带着两个孩子来到天安门广场，他激动地说："我相信我一定能回到祖国。此刻，我终于回来了!"

冲破重重阻拦而回国的钱学森，一头扎在了军事科学的研究中。他倾其所学，又密切关注国外的科学动态，不断产出科研新成果，为祖国的国防事业竭思尽智，做出了巨大的贡献，被誉为"中国导弹之父"，国务院授予他"全国劳动模范"的光荣称号。

资料来源：应届毕业生网

启智润心

为了新中国的发展，钱学森放弃了国外优越的生活条件，毅然决然选择回到祖国，为祖国的建设添砖加瓦。钱学森的爱国言行，深深凝聚着中华民族之魂，彰显了其博大的爱国情怀。这种行为值得今天的每一个大学生学习。因此，大学生在进行职业规划时，应学会把握历史之脉，顺应时代之潮，响应梦想之唤，投身祖国最需要的地方，在平凡的岗位中不忘初心，砥砺前行，实现自己的人生价值。

二、认知职业兴趣

（一）职业兴趣

兴趣是个体力求认识、掌握某种事物，并经常参与该种活动的心理倾向。或者说，兴趣是个体积极探究某种事物的认识倾向。例如，一个人喜欢看书，爱好养花，则分别表现为读书兴趣和养花兴趣。如果一个人的爱好是观察护士看病，并且积极地去学习有关医学方面的知识，希望自己将来能够成为一名护士，那么这就成了对护理职业的兴趣。所以，当兴趣直接指向与职业有关的活动时，就成了职业兴趣。

职业兴趣是指一个人积极探究某种职业或者从事某种职业活动时所表现出来的特殊心理倾向。它使人给予某种职业优先的注意，并对其产生向往的情感。兴趣是成功的前提，一个人对某种职业感兴趣，就会积极热情、富有创造性地完成所从事的工作。美国曾对两千多位著名的科学家进行调查，发现很少有人是由于谋生的目的而工作，他们大多是出于个人对某一领域问题的强烈兴趣而孜孜以求，不计名利报酬，忘我地工作。他们的成功是与他们的兴趣相联系的。

想一想

想一想自己的爱好有哪些，并分析这些爱好是否有可能发展为职业兴趣。

（二）职业兴趣与职业发展的关系

大量研究表明，兴趣与工作满意度、职业稳定性和职业成就感之间都存在着明显的关联。如果从事的职业符合自己的兴趣，内心就会拥有源源不断的动力，促使自己全身心地投入，并不断提高自己应对挫折及解决问题的能力，将兴趣发展为技能。

兴趣很重要

1. 职业兴趣可以影响人的职业定位

理想的职业发展应该是"恰当的人从事恰当的工作"，个人进行职业定位时需要考虑职业与自身的职业兴趣是否相符，两者的最佳匹配是职业发展的强大动力。正像人们在日常生活中喜欢从事自己感兴趣的活动一样，人们更倾向于寻找与自身职业兴趣相关的职业，特别是在外界环境限制较小时，会更倾向于选择自己感兴趣的职业。

2. 职业兴趣能够开发人的潜能，激发人的探索欲和创造力

职业兴趣在个人的职业活动中起着非常重要的作用，一个人如果从事自己感兴趣的职业，就会不断地为之努力，即使遇到一些困难也不会轻易退缩。相反，一个人如果从事不喜欢的工作，就很难有持久的工作热情。

据调查显示，如果一个人所从事的工作与其职业兴趣相吻合，他就能发挥自己全部才能的80%～90%，并且能较长时间地保持高效率而不感到疲劳；反之，则最多只能发挥其全部才能的20%～30%，而且特别容易厌烦。可见，职业兴趣能够在职业活动中激发人的潜能。巴菲特曾经说："我和你没有什么差别。如果你一定要找一个差别，那可能就是我每天有机会做我最爱的工作。"爱迪生一生的发明近2 000项，被称为"发明大王"，他之所以能够取得如此大的成功，得益于他从事的是自己特别感兴趣的工作。

3. 职业兴趣可以增强人的职业稳定性和职业满意度

个人从事感兴趣的工作，能够从中获得更多的愉悦感、价值感和满足感。马克·吐温曾经这样说："最成功的人是那些整天做自己喜欢做的事，并且像是在度假的人。"在这种状态下，生活与工作浑然一体，人们从工作中获得了生活的乐趣，从而会对工作产生更为深刻的认同感，个人的职业稳定性也就能得到保证，工作满意度也容易提高。

职业规划案例

兴趣指引他成为大家

我国著名的剧作家曹禺在升入中学前就热衷于看"文明戏"和京剧，也爱看地方戏和电影。他升入天津南开中学以后，成了南开新话剧团的演员。通过演戏实践，曹禺对戏剧产生了浓厚的兴趣，虽然他父亲希望他学医，但他的兴趣却在戏剧上。中学毕业后，曹禺进入清华大学学习西方语言和文学，他的兴趣进一步发展，开始从事长篇小说和剧本创作。在大学的最后一年，他创作出了人生中第一个剧本《雷雨》，他后来成为我国著名的剧作家。

资料来源：道客巴巴

启智润心

我们常说，兴趣是最好的老师，职业兴趣的培养与提升，是一个人从事某种职业并且取得一定成就的基础或前提。在这种兴趣促使下，人的各方面能力能够得到增强与发展，也能支持他（她）在困难环境下积极努力地开展工作。但与兴趣同样重要的，还有坚持。如果剧作家曹禺在创作小说和剧本的过程中，因为思路的中断、外界的干扰而选择放弃，那么他也不会取得如此成就。因此，大学生在找到自己职业兴趣的同时，应让坚持与兴趣并行，最大程度地实现自己的人生价值。

三、认知职业能力

（一）职业能力

职业能力是人们从事某种职业必须具备的多种能力的综合。例如，作为测试工程师不仅要具备较强的逻辑思维能力，还要具有敏锐的洞察力及良好的沟通能力。又如，作为教师只具有语言表达能力是不够的，还必须具有对教学的组织和管理能力，对教材的理解和运用能力，对教学问题和教学效果的分析、判断能力等。如果说职业兴趣能决定一个人的择业方向及在该方面所乐于付出努力的程度，那么职业能力则能说明一个人在既定的职业方面是否能够胜任，以及一个人在该职业中取得成功的可能性。

（二）职业能力构成

职业能力是多种能力的综合，一般来说，我们可以把职业能力分为一般能力和专业能力。

1. 一般能力

一般能力主要是指学习能力、人际交往能力、团队协作能力、对环境的适应能力，以及遇到挫折时良好的心理承受能力等，这些都是我们在职业活动中不可缺少的能力。

2. 专业能力

专业能力主要是指从事某一职业的专门能力。在求职过程中，招聘方最关注的就是求职者是否具备胜任岗位工作的专业能力。例如，在销售工作岗位的招聘中，招聘方非常看重应聘者是否具备最基本的销售技巧和沟通能力。

对于大学生来说，在择业方面，把握自己、了解自己是"适不适合做"的问题，再进一步就是"我能不能做"的问题，即职业能力问题。当代大学生要想实现职业理想，就要高度重视职业能力的培养。

（三）能力与职业发展的关系

正所谓"尺有所短，寸有所长"，每个人所具备的能力也不尽相同。因此，在进行职业选择时，要从自身的能力出发，充分考虑到自身能力与职业是否相匹配。

1. 能力是职业选择的现实基础

能力，是一个人能否进入职业的先决条件，是能否胜任职业的主观条件。无论从事什么职业总要有一定的能力作保证。社会上任何一种职业对工作者的能力都有一定的要求。例如，对会计、出纳、统计等职业，工作者必须有较强的计算能力，对于工程、建筑及服装设计等职业，工作者要具备空间判断能力；对于飞行员、外科医生、运动员、舞蹈演员等职业，工作者则要具备眼与手的协调能力。人在其一生之中，要从事各种各样的社会生活和社会生产活动，必须具备多种能力与之相适应。职业能力是个体客观具备的，是其进行职业选择的现实基础。个体只有具备相应的职业能力，才能胜任相应的职业工作任务。否则，任何的职业选择都毫无成功可言。

2. 能力与职业选择相匹配

不同的个体之间存在能力的差别，不同的职业也有不同的能力要求，因此，进行职业选择时，要充分考虑能力与职业的匹配。一方面，应当注意一般能力与职业之间的关系。一般能力是多数职业的共同的基本要求，具有通用性。因此，进行职业选择前就得先具备一般能力。另一方面，应当注意特殊能力与职业的关系。如同盖房用的木料，粗者为梁，细者为椽，直者为柱，曲者为拱，整者为门，碎者为窗，硬者为面，软者为里，各有所用，各得其所。在选择职业时不能好高骛远或单从兴趣爱好出发，要实事求是地检测一下自己的学识水平和职业能力，这样才能找到有"用武之地"的合适工作。

职业规划案例

林某，26 岁，大专学历，中文专业，参加工作已 4 年多。刚毕业时，她到一家报社做编辑。但由于文笔不好，工作成绩始终不行，压力越来越大的林某选择了辞职。她的第二份工作是一家公司的文员，平时做一些打字之类的琐事，她觉得学不到什么东西，便又辞职了。后来她又找了几份工作，都和第二份工作差不多。目前，她在一家公司做经理秘书，对这份工作，林某还是比较满意的。

最近同学聚会，林某发现周围的老同学都比自己混得好，有些同学甚至已经当上了主编。再看看自己，经理秘书虽听起来不错，但工作挑战性不大，说不定哪天就失业了，所以她想换一份稳定的工作。但思来想去，除了文员、经理秘书之类的工作，也想不出自己能做什么了。

启智润心

林某之所以会面临现在的尴尬局面，很大程度上归结于她不具备相应的职业能力，无法胜任专业工作。因此，大学生要想实现职业理想，就必须高度重视自身职业能力的培养和提升。不能只把工作当成养家糊口的手段，而应形成对工作执着、对职业敬畏的敬业态度。对待工作中的每一个环节都要一丝不苟、精益求精，不断提升自身职业能力和素养，以此打通职业中的晋升通道。

四、认知人格特质

（一）气质

气质是指人们心理活动的速度、强度、稳定性和灵活性等方面的心理特征，是神经类型特征在人的行为上的表现。古希腊人把气质分为胆汁质、多血质、黏液质和抑郁质四种类型。气质与职业之间存在一定的联系。

1. 胆汁质

胆汁质的人精力旺盛，热情直率，脾气暴躁，情绪体验强烈，神经活动具有很强的兴奋性，反应速度快却不灵活。他们能以极大的热情去工作，主动克服工作中的困难，但若对工作失去信心，情绪即会低沉下来。这类人适合从事竞争激烈、冒险性大、风险多的工作，如探险、地质勘探、登山和体育运动等。

2. 多血质

多血质的人活泼好动，性情活跃，反应敏捷，易适应环境，善于交际。他们工作能力较强、情绪丰富且易兴奋，但注意力不稳定，兴趣易转移。这类人对职业有较广的选择范围和机会，适合从事要求迅速灵活反应的工作，如导游、律师、警察和军人等，但不适宜从事单调机械的工作和要求细致的工作。

3. 黏液质

黏液质的人情绪兴奋性低，安静沉稳；明显内向，外部表现少，反应速度慢，但稳定性强，偏固执、冷漠；比较刻板，有较强的自我克制能力，能埋头苦干，态度稳重，不易分心，对新职业适应慢，善于忍耐。这类人适合从事要求稳定、细致，具有持久性的工作，如会计、法官、管理人员和外科医生等，但不适宜从事具有冒险性的工作。

4. 抑郁质

抑郁质的人敏感，行动缓慢，情感体验深刻，观察力敏锐，易感觉到别人不易觉察的细小事物，易疲倦、孤僻，工作耐受性差，做事审慎小心，易产生惊慌失措的情绪，往往是多愁善感的人。这类人适合从事要求精细、敏锐的工作，如人事专员、编辑、档案管理员和机关秘书等。

《西游记》师徒四人
职业性格分析

研究表明，大多数人总是以某种气质为主，又附有其他气质。大学生在职业选择中，一定要"量质选择"，找到适合自己气质类型的工作。

（二）性格

性格是个人对现实的稳定态度和习惯化了的行为方式中表现出来的个性心理特征。从广义上讲，性格是行为方式、心理方式、情感方式的总和，集中反映了一个人的心理面貌。

职业心理学研究表明，性格影响着一个人对职业的适应性，一定的性格适合从事一定的职业，同时，不同职业对从业者也有不同的性格要求。因此，大学生在考虑或选择职业时，不仅要考虑自己的性格特点，还要考虑性格与职业是否相匹配。

性格与职业相匹配是指个人在选择职业时，应根据自己的性格来选择与个人性格相适应的职业。于组织而言，则应该根据职业要求挑选相应性格的人。人们通常将人的性格分为外向型和内向型。一般来说，外向型性格的人更适合与人接触的职业，如管理人员、记者、教师、政治家、推销员等；内向型性格的人更适合有计划、稳定且与人接触较少的职业，如会计师、统计员、资料管理员、技术人员和科学家等。当然，在实际生活中，纯粹的外向或内向的人是很少的，绝大多数人是混合型。此外，外向与内向是相对而言的，没有一个确切的标准。因此，我们不能轻易给自己的性格类型作结论，还应通过咨询和自我测验来确认自己的性格类型。

拓展阅读

对职业兴趣的认识误区

1. 把简单的喜欢、感兴趣当作是职业兴趣

有些人看了几本小说，就认为自己应当去从事作家职业；有些人喜欢打游戏，就觉得自己应该去学计算机。而真的接触这些专业时，却发现并不合适。职业兴趣是要与将来的工作相关的，只有想清楚自己要从事什么样的具体工作，并对工作的内容、职责和性质等有所了解，且乐于准备可以达到工作要求的知识技能时，才谈得上是真正的职业兴趣。

2. 从事自己感兴趣的工作，就意味着轻松愉快

做自己感兴趣的工作是快乐的，甚至可以激发工作热情，但不一定轻松。实际上，任何职业都要付出努力和辛劳才能取得成就、做出成绩。另外，有的时候坚持自己的职业兴趣，还要承担经济报酬的损失，毕竟不是所有人都会对待遇不好的职业感兴趣。

3. 不是自己感兴趣的工作就不做

能从事自己感兴趣的工作是每个人的理想，但职业选择除了兴趣以外，还要综合考虑性格、能力等问题，这也是理想与现实的差距和矛盾。有调查显示，有超过 60% 的大学生正在就读自己不喜欢的专业，有 50% 的职场人正在做着自己不感兴趣的工作。但由于各种原因，大家也只能面对现实。因此，很多人需要在现实中追求自己的理想，立足于现实，把自己不喜欢的工作做好，并在这个过程中培养兴趣、积累技能，寻找新的机会。

探索活动

职业价值观探索

活动目的：

明确自身的职业价值观。

活动内容：

第一步，测评职业价值观。

表 1-1 中列出了一些常见的职业价值观，请仔细思考你是否希望其中某个职业价值观影响你现在或者未来对于职业的决定，然后在表 1-1 中圈出你认为最重要的 10 个职业价值观。

表 1-1　一些常见的职业价值观

成就	家庭	自然	冒险	友谊	责任	接纳	开心	愉快	艺术展现
和谐	可预测	权威	健康	褒奖	自主性	有益	尊重	平衡	高薪
责任心	美丽	谦逊	诚实	风险承担	挑战	服务	自我训练	团队	影响
竞争	正直	精神性	贡献	公正	稳固	控制	知识	结构性	协作
领导力	地位	创造力	学习	团队合作	好奇	爱情	时间自由	多样化	忠诚
信任	职责	意义	变化	自我节制	智慧				

在草稿纸上写下你认为排名前 10 的职业价值观，然后在后面对这些职业价值观给予具体的描述（也可以列出上面没有的职业价值观，把它们写下来），同时回答以下问题。

（1）这个价值观对于我的职业满意度来说重要吗？（选择"重要"或者"不重要"）

（2）这个价值观在我的目标职业中能得到满足吗？（选择"能满足"或者"不能满足"）

第二步，描绘职业价值观地图。

表 1-2 为价值观定位表，其中定义了 8 种价值观类型，并列出了一系列相应的价值观，仔细阅读每一种类型的定义。把第一步中选出来的价值观归在不同的类型里，请看你的价值观集中在哪一种或两种类型中，此即为你的职业价值观地图。若结果看上去没有规律，就重新回到第一步，直到找出规律为止。

表 1-2　价值观定位表

价值观	价值观类型	特征
美丽　团队　多样化　和谐 有益　正直　公正　自然 精神性　智慧	U（博爱型）	理解、包容、欣赏，保护人类福祉，保护大自然
贡献　协作　友谊　诚实 爱情　忠诚　意义　服务 合作　信任	B（仁慈型）	关心如何提升身边人的福祉
艺术表现　自主性　平衡 创造力　好奇　独立　知识 学习力　时间自由	SD（自主型）	追寻独立思考和行动，享受可以选择、创造和探索的可能
职责　信任　谦逊　自我节制 责任　尊重　自我训练　自我控制	T（传统型）	尊敬、忠诚并接纳文化、宗教对人类的要求
冒险　开心　愉快　变化 风险承担	E（精彩型）	追寻愉悦和感官快乐，喜欢生活中的多姿多彩和不确定性
成就　挑战　竞争　责任心	A（成就型）	渴求个人成功和成绩，喜欢在日常生活中展现竞争力
权威　控制　高薪　影响 领导力　褒奖　地位	P（权力型）	追求社会地位、名声、影响力、权威，以及对人或者资源的支配权
接纳　家庭　健康　可预测　稳固	S（安全型）	渴望安全与和谐，追求社会、人际关系和自我的稳定性

第三步，定位核心价值观。

图 1-1 是由 4 个区域、8 种类型组成的核心职业价值观定位模型，请在其中选出最符合你的核心职业价值观类型。

从图 1-1 中可以看出，每两种核心职业价值观可归为一个领域，共可分为"自我超越""拥抱变化""遵从""自我提升"四个领域。

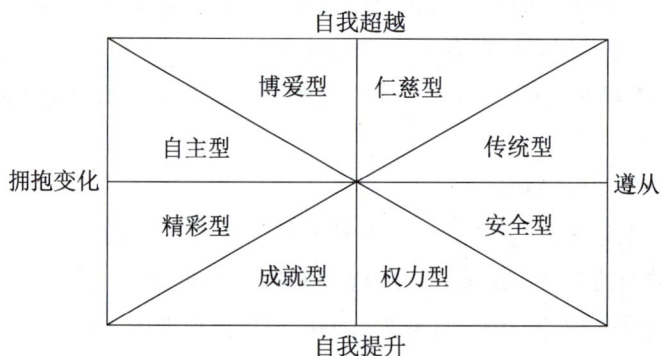

图 1-1　核心职业价值观定位模型

（1）自我超越。自我超越包括博爱型和仁慈型的价值观，这两种价值观都体现了奉献精神，奉献精神驱动着这两种类型的人超越自我，并致力于增进他人和自然的福祉。非营利性组织、专业助人者、指导或者教育别人的管理职位都是很好的选择。一个运作良好的项目组或者有良好组织文化的公司能够满足此类人的价值观。

（2）拥抱变化。拥抱变化包括自主型和精彩型的价值观。这两种类型的人展示出在未知方向追随自己的理性或情感兴趣的强烈渴望。很多创造型的人和喜欢智力挑战的人都在这两个领域内。另外，灵活性和适应性是这类人职业满意度中的重要因素，他们认为，在生命中保持一定程度的不确定性和变数才能让生命变得更为迷人。

（3）遵从。遵从包括传统型和安全型。这两种类型的人对于保持自己的社会地位有强烈的愿望，希望自己与他人和组织的关系总是清晰明了、可以预见的。对同时富有这两种类型价值观的人来说，稳定性非常重要，他们需要别人较为清晰地讲明工作责任和工作要求。

（4）自我提升。自我提升包括成就型和权力型。这两种类型的人强烈地希望提升自己感兴趣的领域。属于这个价值观领域的人可以从事富有挑战性的工作，这会使他们感觉到自己在建功立业，这类人的职业满意度取决于工作中有没有担当更大权力和责任的机会。

请认真审视你写出的核心职业价值观，请问，从事哪些职业可以实现你的核心职业价值观？请将这些职业写在下面的横线上。

_____

_____

_____

_____

活动检测：
活动结束后，教师可根据表 1-3 进行评分。

表 1-3 探索活动评价表

评分标准	分值	实际得分	备注
所选或所写职业价值观符合自身实际	25		
能够将价值观正确归类	25		
通过活动，能够明确自身的职业价值观	30		
积极参与活动	20		
总分	100		

职业兴趣探索

活动目的：

明确自身的职业兴趣。

活动内容：

恭喜你！你获得了一次免费度假旅游的机会，有机会去下面六个岛屿中的一个，唯一的要求是你必须在这个岛屿上待满至少半年的时间。请不要考虑其他因素，仅凭你的兴趣按一、二、三的顺序找出你最向往的三个岛屿。

岛屿 A：美丽浪漫的岛屿。岛上到处都是美术馆、音乐厅、街头雕塑和街边艺人，弥漫着浓厚的艺术文化气息。当地的居民有很强的艺术、创新和直觉能力，他们保留了传统的舞蹈、音乐和绘画，许多文艺界的朋友都喜欢来这里寻找灵感。

岛屿 C：井然有序的岛屿。岛上建筑十分现代化，是进步的都市形态，以完善的户政管理、地政管理、金融管理见长。岛民个性冷静保守，做事有条不紊，精于组织策划，细心高效。

岛屿 R：自然原始的岛屿。岛上保留有原始森林，自然生态保持得很好，有各种各样的野生动物。岛上居民的生活状态还相当原始，他们以手工见长，自己种植瓜果蔬菜、修缮房屋、打造器物、制作工具，还喜欢户外活动。

岛屿 S：友善亲切的岛屿。岛上居民个性温和、友善，乐于助人，各社区共同组成一个密切互动的服务网络，人们重视互助合作和教育，关怀他人，岛上充满人文气息。

岛屿 I：深思冥想的岛屿。岛上人迹较少，建筑物多僻处一隅，平畴绿野，适合夜观天象，岛上有多个天文馆及科学图书馆等。岛上居民喜好观察、学习、探究、分析，崇尚和追求真知，常有机会和来自各地的哲学家、科学家、心理学家等交换心得。

岛屿 E：显赫富庶的岛屿。岛上的居民善于企业经营和贸易，能言善道，以口才见长。岛上经济高度发达，处处是高级饭店、俱乐部、高尔夫球场。来往者多是企业家、经理人、政治家、律师等，这里曾数次召开财富论坛和各行业的巅峰会议。

请回答下列问题：

（1）你首选做哪个岛上的居民？对什么工作会产生浓厚的兴趣？

（2）归纳你首选岛屿的主题与关键词：_____。

（3）你的霍兰德代码是：_____，与此相关的职业有：_____。

说明：这六个岛屿实际上代表著名职业指导专家霍兰德提出的六种职业兴趣类型（见表1-4），你找出的自己最有兴趣的前三个类型即你的霍兰德代码（见表1-5）。

（4）假如可以从事你感兴趣的职业，你会呈现出怎样的状态？

（5）周围人中是谁最先看到你的这种状态？他看到你时你正在做些什么？又对你说过些什么话？

（6）从事这种职业的愿望和信心很强是 10 分，相反为 0 分，目前你为自己打几分？若想提高 1 分，你会做些什么？

表 1-4　霍兰德职业兴趣类型、特点及典型职业

类型	共同特点	典型职业
实用型（R）	情绪稳定、有耐心、坦诚直率，动手能力强，但不善言辞，喜欢在讲求实际、需要动手的环境中从事明确、固定的工作，依既定的规则，逐步制作完成有实际用途的物品。具有顺从、坦率、谦虚、自然、坚毅、实际、有礼、害羞、稳健、节俭等特征 　　其行为表现为：① 喜爱实用型的职业或情境，不喜社会型的职业或情境；② 善用具体、实际的能力解决工作及其他方面的问题，较缺乏人际关系方面的能力；③ 重视具体的事物，如金钱、权力、地位等	印刷出版、工程监理、公车或卡车司机、电工、工程师、急救护理、搬运或物流工作者、园林设计、机器操作员、设备维修人员、飞行员、管道工或暖气工、调查员、电话网络安装员、车床工或模具工、木匠、汽车修理工、工程师、军官、足球教练等
研究型（I）	喜欢观察、思考、分析与推理，喜欢用头脑依自己的步调来解决问题，并追根究底，不喜别人的指引，工作时不喜欢有很多规矩和时间压力。做事时，能提出新的想法和策略，但对解决实际问题的细节无兴趣。不是很在意别人的看法，喜欢和有相同兴趣或者专业的人交往，否则宁愿自己看书或者思考。具有善于分析、谨慎、批判、好奇、独立、聪明、内向、有条理、谦逊、做事精确、理性、保守等特征 　　其行为表现为：① 喜爱研究型的职业或情境，不喜企业型的职业或情境；② 善用研究的能力解决工作及其他方面的问题，即自觉、好学、自信、重视科学，但缺乏领导方面的才能	人类学家、建筑师、天文学家、生物学家、植物学家、化学专家、建筑工程师、程序员、软件工程师、系统分析员、法医、牙医、经济学家、电机工程师、食品分析员、犯罪学家、地理学家、市场调查分析员、医疗实验技术员、气象研究员、网络运营管理者、海图绘制员、验光师、整形医生、病理分析员、药剂师、精神病医生、心理学者、城市规划员、兽医实验员、生物学家、心理学家、大学教授等
艺术型（A）	直觉敏锐、善于表达与创新；希望凭借文字、声音、色彩等形式来表达创造力和美的感受；喜欢独立作业，但不希望被忽略，在无拘无束的环境下工作效率最高；喜欢创造不平凡的事物，不喜欢管人和被管；和朋友的关系比较随性。具有善于想象、冲动、独立、直觉性强、无秩序、情绪化、理想化、不顺从、有创意、富有表情、不重实际等特征 　　其行为表现为：① 喜爱艺术型的职业或情境，不喜传统型的职业或情境；② 富有表达能力和直觉，拥有艺术与音乐方面的能力（包括表演、写作、语言等），并重视审美的领域	演员、广告创作或管理人员、动画与漫画工作人员、编舞者、作曲者、设计师（包括产品设计、时装设计、花艺设计、平面设计、商标设计、装修设计、工业设计、展台设计等）、电影及电视导演、编辑、画廊工作人员、教师、商品陈列员、音乐家、歌手、摄影师、出品人或制作人、电台主持人、记者、厨师等
社会型（S）	对人和善，容易相处，关心自己和别人的感受，喜欢倾听和了解别人，也愿意付出时间和精力去解决别人的冲突，交友广阔，关心别人胜于关心工作。具有合作、友善、慷慨、助人、仁慈、负责、圆滑、善社交、善解人意、理想主义、洞察力强等特征 　　其行为表现为：① 喜爱社会型的职业或情境，不喜实用型的职业或情境，擅以社交方面的能力解决工作其他方面的问题，但缺乏领导能力；② 喜欢帮助别人、了解别人，有教导别人的能力，并重视社会与伦理方面的活动与问题	人类学家、儿童看护员、心理治疗师、咨询师（教育咨询、职业规划咨询、个人咨询等）、健身或塑身教练、家庭健康助理、翻译、法律顾问、护士、公务员、社工、教师（幼儿园、小学、初高中、矫正教育、特殊教育、成人教育）、治疗师（身体疗养、语言治疗、职业生涯诊断、艺术治疗）等

续表

类型	共同特点	典型职业
企业型（E）	精力旺盛、生活节奏紧凑、好冒险竞争，做事有计划、行动迅速，不愿意花太多时间仔细研究，希望拥有权力去解决不合理的事情；希望自己的表现被人肯定，并成为团体的焦点人物。具有爱冒险、有野心、独断、冲动、乐观、自信、追求享受、精力充沛、善于社交、希望获取注意和知名度等特征 其行为表现为：① 喜欢企业型的职业或环境，不喜研究型的职业或情境，会以企业方面的能力解决工作或其他方面的问题；② 缺乏科学能力，但重视政治与经济上的成就	律师、酒保、采购员、理赔员、调查员（保险员）、项目经理、犯罪调查员、侦探、物流工作者、人事经理、财务规划师、空乘人员、生产商、公共关系管理人员、销售员（零售、批发销售、广告销售、房地产销售、保险销售、医药销售、证券销售）、推广人员、股票经纪人、导游、政治家、企业经理、电视制片人等
事务型（C）	个性谨慎，做事讲求规矩和精确，喜欢在有清楚规范的环境下工作；做事按部就班、精打细算，给人的感觉是有效率、精确、仔细、可靠而有信用；生活哲学是稳扎稳打，不喜欢改变或创新，也不喜欢冒险和领导，会选择和自己志趣相投的人成为好朋友。具有顺从、谨慎、保守、自控、服从、规律、坚毅、实际、稳重、有效率但缺乏想象力等特征 其行为表现为：① 喜欢传统型的职业情境，不喜艺术型的职业与情境；② 会以传统的能力来解决工作或其他方面的问题；③ 有一定的书写与计算能力，并重视商业与经济上的成就	会计师、精算师、行政助理、档案管理员、审计员、出纳员、图书管理员、收银员、计算机维护员、文字编辑、法庭书记员、客服人员、经济学家、财务分析员、办公室职员、校对员、前台接待、税务申报员、助理教师、银行家、办事员、税务员等

表 1-5　霍兰德代码

霍兰德代码	对应职业
RIA	牙科技术员、陶工、建筑设计员、模型工、细木工、链条制作人员
RIS	厨师、林务员、跳水员、潜水员、染色员、电器修理工、眼镜制作员、电工、纺织机器装配工、服务员、装玻璃工人、发电厂工人、焊接工
RIE	建筑和桥梁工程、环境工程、航空工程、公路工程、电力工程、信号工程、电话工程、一般机械工程、自动工程、矿业工程、海洋工程、交通工程技术人员、制图员、家政经济人员、计量员、农民、农场工人、农业机械操作员、清洁工、无线电修理工、汽车修理工、手表修理工、管工、线路装配工、工具仓库管理员
RIC	船上工作人员、接待员、杂志保管员、牙医助手、制帽工、磨坊工、石匠、机器制造工、机车（火车头）制造工、农业机器装配工、汽车装配工、缝纫机装配工、钟表装配和检验员、电动器具装配工、鞋匠、锁匠、货物检验员、电梯机修工、托儿所所长、钢琴调音员、装配工、印刷工、建筑钢铁工、卡车司机
RAI	手工雕刻、玻璃雕刻、制作模型人员、家具木工、制作皮革品人员、手工绣花人员、手工钩针纺织人员、排字工作者、印刷工作者、图画雕刻人员、装订工
RSE	消防员、交通巡警、警察、门卫、理发师、房间清洁工、屠夫、锻工、开凿工人、管道安装工、出租汽车驾驶员、货物搬运工、送报员、勘探员、娱乐场所服务员、起卸机操作工、灭害虫者、电梯操作工、厨房助手
RSI	纺织工、编织工、农业学校教师、某些职业课程教师（如艺术、商业、技术、工艺课程等）、雨衣上胶工

霍兰德代码	对应职业
REC	抄水表员、保姆、实验室动物饲养员、动物管理员
REI	轮船船长、航海领航员、大副、实验员
RES	旅馆服务员、家畜饲养员、渔民、渔网修补工、水手长、收割机操作工、搬运行李工人、公园服务员、救生员、登山导游、火车工程技术员、建筑工作者、铺轨工人
RCI	测量员、勘测员、仪表操作者、农业工程技术员、化学工程技师、民用工程技师、石油工程技师、资料室管理员、探矿工、煅烧工、烧窑工、矿工、保养工、磨床工、取样工、样品检验员、纺纱工、炮手、漂洗工、电焊工、锯木工、刨床工、制帽工、手工缝纫工、油漆工、染色工、按摩工、木匠、农民建筑工作、电影放映员、勘测员助手
RCS	公共汽车驾驶员、一等水手、游泳池服务员、裁缝、建筑工作者、石匠、烟囱修建工、混凝土工、电话修理工、爆炸手、邮递员、矿工、裱糊工人、纺纱工
RCE	打井工、吊车驾驶员、农场工人、邮件分类员、铲车司机、拖拉机司机
IAS	普通经济学家、农场经济学家、财政经济学家、国际贸易经济学家、实验心理学家、工程心理学家、哲学家、内科医生、数学家
IAR	人类学家、天文学家、化学家、物理学家、医学病理学家、动物标本剥制者、化石修复者、艺术品管理者
ISE	营养学家、饮食顾问、火灾检查员、邮政服务检查员
ISC	侦察员、电视播音室修理员、电视修理服务员、验尸室人员、编目录者、医学实验室技师、调查研究者
ISR	水生生物学者、昆虫学者、微生物学家、配镜师、矫正视力者、细菌学家、牙科医生、骨科医生
ISA	实验心理学家、普通心理学家、发展心理学家、教育心理学家、社会心理学家、临床心理学家、目标学家、皮肤病学家、精神病学家、妇产科医师、眼科医生、五官科医生、医学实验室技术专家、民航医务人员、护士
IES	细菌学家、生理学家、化学专家、地质专家、地球物理学专家、纺织技术专家、医院药剂师、工业药剂师、药房营业员
IEC	档案保管员、保险统计员
ICR	质量检验技术员、地质学技师、工程师、法官、图书馆技术辅导员、计算机操作员、医院听诊员、家禽检查员
IRA	地理学家、地质学家、声学物理学家、矿物学家、古生物学家、石油学家、地震学家、声学物理学家、原子和分子物理学家、电学和磁学物理学家、气象学家、设计审核员、人口统计学家、数学统计学家、外科医生、城市规划家、气象员
IRS	流体物理学家、物理海洋学家、等离子体物理学家、农业科学家、动物学家、食品科学家、园艺学家、植物学家、细菌学家、解剖学家、动物病理学家、作物病理学家、药物学家、生物化学家、生物物理学家、细胞生物学家、临床化学家、遗传学家、分子生物学家、质量控制工程师、地理学家、兽医、放射性治疗技师

霍兰德代码	对应职业
IRE	化验员、化学工程师、纺织工程师、食品技师、渔业技术专家、材料和测试工程师、电气工程师、土木工程师、航空工程师、行政官员、冶金专家、原子核工程师、陶瓷工程师、地质工程师、电力工程师、口腔科医生、牙科医生
IRC	飞机领航员、飞行员、物理实验室技师、文献检查员、农业技术专家、动植物技术专家、生物技师、油管检查员、工商业规划者、矿藏安全检查员、纺织品检验员、照相机修理者、工程技术员、程序编码人员、工具设计者、仪器维修工
CRI	簿记员、会计、计时员、铸造机操作工、打字员、按键操作工、复印机操作工
CRS	仓库保管员、档案管理员、缝纫工、讲述员、收款人
CRE	标价员、实验室工作者、广告管理员、自动打字机操作员、电动机装配工、缝纫机操作工
CIS	记账员、顾客服务员、报刊发行员、土地测量员、保险公司职员、会计师、估价员、邮政检查员、外贸检查员
CIE	打字员、统计员、支票记录员、订货员、校对员、办公室工作人员
CIR	校对员、工程职员、海底电报员、检修计划员
CSE	接待员、通讯员、电话接线员、卖票员、旅馆服务员、私人职员、商学教师、旅游办事员
CSR	运货代理商、铁路职员、交通检查员、办公室通信员、簿记员、出纳员、银行财务职员
CSA	秘书、图书管理员、办公室办事员
CER	邮递员、数据处理员、办公室办事员
CEI	推销员、经济分析家
CES	银行会计、记账员、法人秘书、速记员、法院报告人
ECI	银行行长、审计员、信用管理员、地产管理员、商业管理员
ECS	信用办事员、保险人员、各类进货员、海关服务经理、售货员、购买员、会计
ERI	建筑物管理员、工业工程师、农场管理员、护士长、农业经营管理人员
ERS	仓库管理员、房屋管理员、货栈监督管理员
ERC	邮政局长、渔船船长、机械操作领班、木工领班、瓦工领班、驾驶员领班
EIR	科学、技术和有关周期出版物的管理员
EIC	专利代理人、鉴定人、运输服务检查员、安全检查员、废品收购人员
EIS	警官、侦察员、交通检验员、安全咨询员、合同管理者、商人
EAS	法官、律师、公证人
EAR	展览室管理员、舞台管理员、播音员、驯兽师
ESC	理发师、裁判员、政府行政管理员、财政管理员、工程管理员、职业病防治、售货员、商业经理、办公室主任、人事负责人、调度员

霍兰德代码	对应职业
ESR	家具售货员、书店售货员、公共汽车的驾驶员、日用品售货员、护士长、自然科学和工程的行政领导
ESI	博物馆管理员、图书馆管理员、古迹管理员、饮食业经理、地区安全服务管理员、技术服务咨询者、超级市场管理员、零售店店员、批发商、出租汽车服务站调度员
ESA	博物馆馆长、报刊管理员、音乐器材销售员、导游、（轮船或班机上的）事务长、飞机上的服务员、船员、法官、律师
ASE	戏剧导演、舞蹈教师、广告撰稿人、报刊专栏作者、记者、演员、英语翻译
ASI	音乐教师、乐器教师、美术教师、管弦乐指挥、合唱队指挥、歌星、演奏家、哲学家、作家、广告经理、时装模特
AER	新闻摄影师、电视摄影师、艺术指导、录音指导、丑角演员、魔术师、木偶戏演员、骑士、跳水员
AEI	音乐指挥、舞台指导、电影导演
AES	流行歌手、舞蹈演员、电影导演、广播节目主持人、舞蹈教师、口技表演者、喜剧演员、模特
AIS	画家、剧作家、编辑、评论家、时装艺术大师、新闻摄影师、男演员、文学作者
AIE	花匠、皮衣设计师、工业产品设计师、剪影艺术家、复制雕刻品大师
AIR	建筑师、画家、摄影师、绘图员、环境美化工、雕刻家、包装设计师、陶器设计师、绣花工、漫画工
SEC	社会活动家、退伍军人服务官员、工商会事务代表、教育咨询者、宿舍管理员、旅馆经理、饮食服务管理员
SER	体育教练、游泳指导
SEI	大学校长、学院院长、医院行政管理员、历史学家、家政经济学家、职业学校教师、资料员
SEA	娱乐活动管理员、国外服务办事员、社会服务助理、一般咨询者、宗教教育工作者
SCE	部长助理、福利机构职员、生产协调人、环境卫生管理人员、戏院经理、餐馆经理、售票员
SRI	外科医师助手、医院服务员
SRE	体育教师、职业病治疗者、体育教练、专业运动员、房管员、儿童家庭教师、警察、引座员、传达员、保姆
SRC	护理员、护理助理、医院勤杂工、理发师、学校儿童服务人员
SIA	社会学家、心理咨询者、学校心理学家、政治科学家、大学或学院的系主任、大学或学院的教育学教师、大学农业教师、大学工程和建筑课程的教师、大学法律教师、大学数学、医学、物理、社会科学和生命科学的教师、研究生助教、成人教育教师
SIE	营养学家、饮食学家、海关检查员、安全检查员、税务稽查员、校长
SIC	描图员、兽医助手、诊所助理、体检检查员、监督缓刑犯的工作者、娱乐指导者、咨询人员、社会科学教师
SIR	理疗员、救护队工作人员、手足病医生、职业病治疗助手

活动检测：

活动结束后，教师可根据表 1-6 进行评分。

表 1-6　探索活动评价表

评分标准	分值	实际得分	备注
仅凭自身兴趣选择岛屿	20		
所选岛屿组成的霍兰德代码所代表的职业，符合自身兴趣	30		
通过活动，能够明确自身的职业兴趣	30		
积极参与活动	20		
总分	100		

人格特质探索

活动目的：

明确自身的气质类型和性格特点。

活动内容：

1. 气质类型测试

下面 60 道题可以帮助你大致确定自己的气质类型，请根据自己的情况在"很符合（2 分）、比较符合（1 分）、介于符合与不符合之间（0 分）、比较不符合（–1 分）、完全不符合（–2 分）"五个答案中选择一个适合自己的。

回答时请不要猜测题目内容要求，也就是说不要考虑应该怎样，而只回答你平时怎样，因为题目答案本身无正确与错误之分；回答要迅速，不要在某道题目上花过多时间。

测试题目：

（1）做事力求稳妥，一般不做无把握的事。

（2）遇到可气的事就怒不可遏，想把心里话全说出来才痛快。

（3）宁可一个人干事，不愿很多人在一起。

（4）到一个新环境很快就能适应。

（5）厌恶那些强烈的刺激，如尖叫、噪音、危险镜头。

（6）和人争吵时总是先发制人，喜欢挑衅。

（7）喜欢安静的环境。

（8）善于和人交往。

（9）羡慕那种善于克制自己感情的人。

（10）生活有规律，很少违反作息制度。

（11）在多数情况下情绪是乐观的。

（12）碰到陌生人觉得很拘束。

（13）遇到令人气愤的事，能很好地克制自我。

（14）做事总是有旺盛的精力。

（15）遇到问题总是举棋不定，优柔寡断。

（16）在人群中从不觉得过分拘束。

（17）情绪高昂时，觉得干什么都有趣；情绪低落时，又觉得什么都没意思。

（18）当注意力集中于某一事物时，别的事很难使我分心。

（19）理解问题总比别人快。

（20）碰到危险情境，常有一种极度恐惧感。

（21）对学习、工作、事业怀有很高的热情。

（22）能够长时间做枯燥、单调的工作。

（23）符合兴趣的事情，干起来劲头十足，否则就不想干。

（24）一点小事就能引起情绪波动。

（25）讨厌做那种需要耐心、细致的工作。

（26）与人交往不卑不亢。

（27）喜欢参加热烈的活动。

（28）爱看感情细腻、描写人物内心活动的文学作品。

（29）工作学习时间长了，常感到厌倦。

（30）不喜欢长时间谈论一个问题，愿意实际动手干。

（31）宁愿侃侃而谈，不愿窃窃私语。

（32）别人总是说我闷闷不乐。

（33）理解问题常比别人慢些。

（34）疲倦时只要短暂的休息就能精神抖擞，重新投入工作。

（35）心里有话宁愿自己想，不愿说出来。

（36）认准一个目标就希望尽快实现，不达目的，誓不罢休。

（37）学习、工作一段时间后，常比别人更疲倦。

（38）做事有些莽撞，常常不考虑后果。

（39）老师讲授新知识时，总希望他讲得慢些，多重复几遍。

（40）能够很快地忘记那些不愉快的事情。

（41）做作业或完成一件工作总比别人花的时间多。

（42）喜欢运动量大的剧烈体育运动或参加各种文艺活动。

（43）不能很快地把注意力从一件事转移到另一件事上去。

（44）接受一个任务后，就希望能把它迅速解决。

（45）认为墨守成规比冒风险强些。

（46）能够同时注意几件事物。

（47）当我烦闷的时候，别人很难使我高兴起来。

（48）爱看情节起伏跌宕、激动人心的小说。

（49）对工作抱认真严谨、始终如一的态度。

（50）和周围人的关系总相处不好。

（51）喜欢复习学过的知识，重复做能熟练做的工作。

（52）希望做变化大、花样多的工作。

（53）小时候会背的诗歌，我似乎比别人记得清楚。

（54）别人说我"出语伤人"，可我并不觉得这样。

（55）在体育活动中，常因反应慢而落后。

（56）反应敏捷，头脑机智。

（57）喜欢有条理而不甚麻烦的工作。

（58）兴奋的事情常使我失眠。

（59）老师讲新概念，常常听不懂，但是弄懂了以后很难忘记。

（60）假如工作枯燥无味，马上就会情绪低落。

计分规则：

胆汁质型得分：计算题号为（2）、（6）、（9）、（14）、（17）、（21）、（27）、（31）、（36）、（38）、（42）、（48）、（50）、（54）、（58）的得分之和。

多血质型得分：计算题号为（4）、（8）、（11）、（16）、（19）、（23）、（25）、（29）、（34）、（40）、（44）、（46）、（52）、（56）、（60）的得分之和。

黏液质型得分：计算题号为（1）、（7）、（10）、（13）、（18）、（22）、（26）、（30）、（33）、（39）、（43）、（45）、（49）、（55）、（57）的得分之和。

抑郁质型得分：计算题号为（3）、（5）、（12）、（15）、（20）、（24）、（28）、（32）、（35）、（37）、（41）、（47）、（51）、（53）、（59）的得分之和。

确定气质类型的标准：

（1）如果某类气质得分明显高出其他三种，人均高出4分以上，则可定为该类气质。如果该类气质得分超过20分，则为典型；如果该类气质得分在10～20分，则为一般型。

（2）两种气质类型得分接近，其差异低于3分，又明显高于其他两种，且高出4分以上，则可定为这两种气质的混合型。

（3）三种气质得分均高于第四种，而且接近，则为三种气质的混合型，如多血质—胆汁质—黏液质混合型或黏液质—多血质—抑郁质混合型。

2．MBTI 性格测试

本测试分为四部分，共 93 题。所有题目没有对错之分，请根据自己的实际情况回答。将你选择的 A 或 B 所对应的○涂黑，如●。

问题：

（1）哪一个答案最能贴切地描绘你一般的感受或行为？

序号	问题描述	选项	E	I	S	N	T	F	J	P
1	当你要外出一整天，你会： A．计划你要做什么和在什么时候做； B．说去就去	A B							○	○
2	你认为自己是一个： A．较为随兴所至的人； B．较为有条理的人	A B							○	○
3	假如你是一位老师，你会选教： A．以事实为主的课程； B．涉及理论的课程	A B			○	○				

序号	问题描述	选项	E	I	S	N	T	F	J	P
4	你通常： A. 与人容易混熟； B. 比较沉静或矜持	A B	○	○						
5	一般来说，你和哪些人比较合得来？ A. 富于想象力的人； B. 现实的人	A B			○	○				
6	你是否经常让： A. 你的情感支配理智； B. 你的理智主宰你的情感	A B					○	○		
7	处理许多事情时，你会喜欢： A. 凭兴所至行事； B. 按照计划行事	A B							○	○
8	你是否： A. 容易让人了解； B. 难以让人了解	A B	○	○						
9	按照程序表做事： A. 合你心意； B. 令你感到束缚	A B							○	○
10	当你有一个特别的任务，你会喜欢： A. 开始前小心组织计划； B. 边做边想需做什么	A B							○	○
11	在大多数情况下，你会选择： A. 顺其自然； B. 按程序表做事	A B							○	○
12	大多数人会说你是一个： A. 重视自我隐私的人； B. 非常坦率开放的人	A B	○	○						
13	你宁愿被人认为是一个： A. 实事求是的人； B. 机灵的人	A B			○	○				
14	在一大群人当中，通常是： A. 你介绍大家认识； B. 别人介绍你	A B	○	○						
15	你会跟哪些人做朋友？ A. 常提出新主意的； B. 脚踏实地的	A B			○	○				

续表

序号	问题描述	选项	E	I	S	N	T	F	J	P
16	你倾向： A．重视感情多于逻辑； B．重视逻辑多于感情	A B					○	○		
17	你比较喜欢： A．坐观事情发展再做计划； B．很早就做计划	A B							○	○
18	你喜欢花很多的时间： A．一个人独处； B．和别人在一起	A B	○	○						
19	与很多人一起会： A．令你活力倍增； B．常常令你心力交瘁	A B	○	○						
20	你比较喜欢： A．很早便把约会、社交聚集等事情安排妥当； B．无拘无束，看当时有什么好玩就做什么	A B							○	○
21	计划一个旅程时，你比较喜欢： A．大部分的时间都是凭当天的感觉行事； B．事先知道大部分的时间会做什么	A B							○	○
22	在社交聚会中，你： A．有时感到郁闷； B．常常乐在其中	A B	○	○						
23	你通常： A．和别人容易混熟； B．趋向自处一隅	A B	○	○						
24	哪些人会更吸引你？ A．思维敏捷、非常聪颖的人； B．实事求是、具有丰富常识的人	A B			○	○				
25	在日常工作中，你会： A．颇为喜欢处理迫使你分秒必争的突发事件； B．通常预先计划，以免要在压力下工作	A B							○	○
26	你认为别人一般： A．要花很长时间才认识你； B．用很短的时间便认识你	A B	○	○						

（2）在下列每一对词语中，哪一个词语更合你心意？请仔细想想这些词语的意义，而不要理会它们的字形或读音。

序号	问题描述		选项	E	I	S	N	T	F	J	P
27	A. 注重隐私	B. 坦率开放	A		○						
			B	○							
28	A. 预先安排的	B. 无计划的	A							○	
			B								○
29	A. 抽象	B. 具体	A				○				
			B			○					
30	A. 温柔	B. 坚定	A						○		
			B					○			
31	A. 思考	B. 感受	A					○			
			B						○		
32	A. 事实	B. 意念	A			○					
			B				○				
33	A. 冲动	B. 决定	A								○
			B							○	
34	A. 热情	B. 文静	A	○							
			B		○						
35	A. 文静	B. 外向	A		○						
			B	○							
36	A. 有系统	B. 随意	A							○	
			B								○
37	A. 理论	B. 肯定	A				○				
			B			○					
38	A. 敏感	B. 公正	A						○		
			B					○			
39	A. 令人信服的	B. 感人的	A					○			
			B						○		
40	A. 声明	B. 概念	A			○					
			B				○				
41	A. 不受约束	B. 预先安排	A								○
			B							○	
42	A. 矜持	B. 健谈	A		○						
			B	○							
43	A. 有条不紊	B. 不拘小节	A							○	
			B								○
44	A. 意念	B. 实况	A				○				
			B			○					
45	A. 同情怜悯	B. 远见	A						○		
			B					○			
46	A. 利益	B. 祝福	A					○			
			B						○		

序号	问题描述	选项	E	I	S	N	T	F	J	P
47	A．务实的　　　　B．理论的	A			○					
		B				○				
48	A．朋友不多　　　B．朋友众多	A		○						
		B	○							
49	A．有系统　　　　B．即兴	A							○	
		B								○
50	A．富有想象的　　B．以事论事	A				○				
		B			○					
51	A．亲切的　　　　B．客观的	A						○		
		B					○			
52	A．客观的　　　　B．热情的	A					○			
		B						○		
53	A．建造　　　　　B．发明	A			○					
		B				○				
54	A．文静　　　　　B．合群	A		○						
		B	○							
55	A．理论　　　　　B．事实	A				○				
		B			○					
56	A．富有同情心　　B．合逻辑	A						○		
		B					○			
57	A．具有分析力　　B．多愁善感	A					○			
		B						○		
58	A．合情合理　　　B．令人着迷	A			○					
		B				○				

（3）哪一个答案最能贴切地描绘你一般的感受或行为？

序号	问题描述	选项	E	I	S	N	T	F	J	P
59	当你要在一个星期内完成一个大项目时,你在开始的时候会: A．把要做的不同工作依次列出; B．马上动工	A							○	
		B								○
60	在社交场合中,你经常会感到: A．与某些人很难打开话匣并保持对话; B．与多数人都能从容地长谈	A			○					
		B	○							
61	要做许多人也做的事,你比较喜欢: A．按照一般认可的方法去做; B．构想一个自己的想法	A			○					
		B				○				

序号	问题描述	选项	E	I	S	N	T	F	J	P
62	你刚认识的朋友能否说出你的兴趣？ A．马上可以； B．要待他们真正了解你之后才可以	A B	○	○						
63	你通常比较喜欢的科目是： A．讲授概念和原则的； B．讲授事实和数据的	A B			○	○				
64	哪个是较高的赞誉？ A．一贯感性的人； B．一贯理性的人	A B					○	○		
65	你认为按照程序表做事： A．有时是需要的，但一般来说你不大喜欢这样做； B．大多数情况下是有帮助的而且是你喜欢做的	A B							○	○
66	和一群人在一起，你通常会选： A．跟你很熟悉的个别人谈话； B．参与大伙的谈话	A B	○	○						
67	在社交聚会上，你会： A．是说话很多的一个； B．让别人多说话	A B	○	○						
68	把周末期间要完成的事列成清单，这个主意会： A．合你意； B．使你提不起劲	A B							○	○
69	哪个是较高的赞誉？ A．能干的； B．富有同情心	A B					○	○		
70	你通常喜欢： A．事先安排你的社交约会； B．随兴之所至做事	A B							○	○
71	总的说来，要做一个大型作业时，你会选择： A．边做边想该做什么； B．首先把工作按步细分	A B							○	○
72	你能否滔滔不绝地与人聊天？ A．只限于跟你有共同兴趣的人； B．几乎跟任何人都可以	A B	○	○						
73	处理事情时，你会： A．跟随一些证明有效的方法； B．分析还有什么问题、针对尚未解决的难题	A B			○	○				

续表

序号	问题描述	选项	E	I	S	N	T	F	J	P
74	为乐趣而阅读时，你会： A. 喜欢奇特或创新的表达方式； B. 喜欢作者直话直说	A B			 ○	○ 				
75	你宁愿替哪一类上司（或者老师）工作？ A. 天性淳良，但常常前后不一的； B. 言辞尖锐但永远合乎逻辑的	A B					 ○	○ 		
76	你做事多数是： A. 按当天心情去做； B. 照拟好的程序表去做	A B							 ○	○
77	你： A. 可以和任何人按需求从容地交谈； B. 只是对某些人或在某种情况下才可以畅所欲言	A B	○ 	 ○						
78	要做决定时，你认为比较重要的是： A. 据事实衡量； B. 考虑他人的感受和意见	A B					○ 	 ○		

（4）在下列每一对词语中，哪一个词语更合你心意？

序号	问题描述		选项	E	I	S	N	T	F	J	P
79	A. 想象的	B. 真实的	A B			 ○	○ 				
80	A. 仁慈慷慨的	B. 意志坚定的	A B					 ○	○ 		
81	A. 公正的	B. 有关怀心的	A B					○ 	 ○		
82	A. 制作	B. 设计	A B			○ 	 ○				
83	A. 可能性	B. 必然性	A B			 ○	○ 				
84	A. 温柔	B. 力量	A B					 ○	○ 		
85	A. 实际	B. 多愁善感	A B					○ 	 ○		
86	A. 制造	B. 创造	A B			○ 	 ○				

续表

序号	问题描述		选项	E	I	S	N	T	F	J	P
87	A. 新颖的	B. 已知的	A				○				
			B			○					
88	A. 同情	B. 分析	A						○		
			B					○			
89	A. 坚持己见	B. 温柔有爱心	A					○			
			B						○		
90	A. 具体的	B. 抽象的	A			○					
			B				○				
91	A. 全心投入的	B. 有决心的	A						○		
			B					○			
92	A. 能干	B. 仁慈	A					○			
			B						○		
93	A. 实际	B. 创新	A			○					
			B				○				
总分											

评分规则：

（1）当你将●涂好后，把8项（E、I、S、N、T、F、J、P）分别加起来，并将总和填在每项最下方的方格内（每个●计1分）。

（2）请复查你的计算是否准确，然后将各项总分填在下面对应的方格内。

外向	E			I	内向
实感	S			N	直觉
思考	T			F	情感
判断	J			P	知觉

确定类型的规则：

（1）MBTI以四个组别来评估你的性格类型倾向："E-I""S-N""T-F"和"J-P"。请你比较四个组别的得分。每个组别中，获得较高分数的那个类型，就是你的性格类型倾向。例如你的得分是：E（外向）12分，I（内向）9分，那你的类型倾向便是E（外向）了。

（2）如果一个组别中的两个类型得分相同，则依据下面的规则来决定你的类型倾向。

【同分处理规则】

假如E=I，请填上I；假如S=N，请填上N；

假如T=F，请填上F；假如J=P，请填上P。

表 1-7　性格与职业对照表

性格	职业
ENTP（外向、直觉、思考、知觉）	人事系统开发人员、投资经纪人、金融规划师、投资银行职员、营销策划人员
ENFP（外向、直觉、情感、知觉）	营销经理、战略规划人员、宣传人员、环保律师、广告撰稿员、播音员
ENTJ（外向、直觉、思考、判断）	人事/销售经理、程序设计员、技术培训人员、国际销售经理
ENFJ（外向、直觉、情感、判断）	销售经理、程序设计员、生态旅游专家、作家、记者、广告客户经理
ESTJ（外向、实感、思考、判断）	项目经理、数据库经理、信息总监、证券经纪人、电脑分析人员
ESFJ（外向、实感、情感、判断）	个人银行业务员、销售代表、人力资源顾问、营销经理、信贷顾问
ESFP（外向、实感、情感、知觉）	公关人士、团队培训人员、旅游项目经营者、表演人员、保险代理人、融资者
ESTP（外向、实感、思考、知觉）	企业家、个人理财专家、证券经纪人、银行职员、预算分析师
INTP（内向、直觉、思考、知觉）	电脑软件设计师、金融规划师、企业金融律师
INFJ（内向、直觉、情感、判断）	人才资源经理、营销人员、编辑、艺术指导
INFP（内向、直觉、情感、知觉）	人力资源开发专员、记者、艺术指导
INTJ（内向、直觉、思考、判断）	国际银行业务员、金融规划师、信息系统开发商
ISTJ（内向、实感、思考、判断）	审计员、预算分析员、计算机程序员、会计
ISFJ（内向、实感、情感、判断）	人事管理人员、电脑操作员、房地产代理、室内装潢师
ISTP（内向、实感、思考、知觉）	证券分析员、银行职员、电子专业人士、软件开发商
ISFP（内向、实感、情感、知觉）	行政人员、室内/风景设计师、旅游销售经理

活动检测：

活动结束后，教师可根据表 1-8 进行评分。

表 1-8　探索活动评价表

评分标准	分值	实际得分	备注
能够按照要求完成测试	20		
通过活动，能够明确自身的气质类型与性格特点	60		
积极参与活动	20		
总分	100		

能力训练

自我认知训练

训练目的：

让学生更加了解自身的兴趣、优势和劣势等，对未来的职业规划有一个初步设想。

活动流程：

（1）我现在处于什么位置？（了解目前的状况）

思考一下你的过去、现在和未来。画一张时间表，列出重大事件。

（2）我是谁？（考查自己担当的不同角色）

利用 3×5 卡片，在每张卡片上写下"我是谁"的答案。

（3）我喜欢去哪儿？我喜欢做什么？（这有利于未来的目标设置）

思考你目前和未来的生活。写一份自传来回答三个问题：你觉得已经获得了哪些成就？你未来想要得到什么？你希望人们对你有什么样的印象？

（4）未来理想的一年（明确所需要的资源）。

考虑下一年的计划。如果你有无限的资源，你会做什么？理想的环境应是什么样的？理想的环境是否与第三步吻合？

（5）一份理想的工作（设立现在的目标）。

思考一下如何通过可利用资源来获得一份理想的工作。考虑你的角色、资源、所需的培训和教育。

（6）通过自我总结来规划职业发展（总结目前状况）。

是什么让你每天感到心情愉悦？

你擅长做什么？人们对你有什么印象？

未达到目标，你需要什么？

在向目标进军的过程中，你会遇上什么阻碍？

你目前该做什么才能迈向你的目标？

你的长期职业生涯目标是什么？

第二节 认识职业

案例导入

什么是职业

小镇有一个青年人，他整日以沿街为小镇的人说唱为生，有一外国人远离家人，也在这儿打工。他们总是在同一个小餐馆用餐，于是他们屡屡相遇。

时间长了，彼此已十分熟悉。有一日，这个外国人关切地对那个青年人说："不要沿街卖唱了，去做一个正当的职业吧。我介绍你到我的国家去教书，在那儿，你完全可以拿到比你现在高得多的薪水。"

青年人听后，先是一愣，然后反问道："难道我现在从事的不是正当的职业吗？我喜欢这个职业，它给我，也给其他人带来欢乐。有什么不好？我何必要远渡重洋，抛弃亲人，抛弃家园，去做我并不喜欢的工作？"

问题与思考：

青年人从事的是职业吗？为什么？

知识学习

一、认知职业

职业是一种社会劳动岗位，是人们从事的相对稳定的、有收入的、专门类别的社会劳动，是个人社会地位的一般性表现，也是一个人的权利、义务和职责的体现。

我们可以通过以下几个方面来理解职业：

（1）并不是任何工作都能成为职业，某项工作只有变得足够重要、足够丰富以至能吸引劳动者长期稳定地投入其中才能够成为职业。并且，劳动者从事这项工作时还能够取得一定的经济收入，取得合理的劳动报酬，满足劳动者的物质需求。

（2）职业是劳动者获得的一种社会角色，劳动者必须按照社会结构中这一社会角色规定的规范去行事。

（3）职业为劳动者提供了一个体现个人价值的机会。

想一想

下列哪些是职业，哪些不是？

A. 教师　　　　B. 公交车司机　　　C. 快递员　　　　D. 调味品品评师
E. 志愿者　　　F. 护士　　　　　　G. 广场舞大妈　　H. 乞丐
I. 街头艺人　　J. 在社区参加社会实践的大学生

二、了解职业分类

所谓职业分类，是指采用一定的标准和方法，依据一定的分类原则，对从业人员所从事的各种专门化的社会职业所进行的全面、系统的划分与分类。2022 年，我国最新修订的《中华人民共和国职业分类大典》，按照从业人员的工作性质，将我国职业分为 8 个大类、79 个中类、450 个小类、1 639 个细类。其中，细类是最基本的类别，即我们通常所讲的职业。

8 个大类的具体内容如下：

第一大类：党的机关、国家机关、群众团体和社会组织、企事业单位负责人。包括 6 个中类：① 中国共产党机关负责人；② 国家机关负责人；③ 民主党派和工商联负责人；④ 人民团体和群众团体、社会组织及其他成员组织负责人；⑤ 基层群众自治组织负责人；⑥ 企事业单位负责人。

第二大类：专业技术人员。包括 11 个中类：① 科学研究人员；② 工程技术人员；③ 农业技术人员；④ 飞机和船舶技术人员；⑤ 卫生专业技术人员；⑥ 经济和金融专业人员；⑦ 监察、法律、社会和宗教专业人员；⑧ 教学人员；⑨ 文学艺术、体育专业人员；⑩ 新闻出版、文化专业人员；⑪ 其他专业技术人员。

第三大类：办事人员和有关人员。包括 4 个中类：① 行政办事及辅助人员；② 安全和消防及辅助人员；③ 法律事务及辅助人员；④ 其他办事人员和有关人员。

第四大类：社会生产服务和生活服务人员。包括 15 个中类：① 批发与零售服务人员；② 交通运输、仓储物流和邮政业服务人员；③ 住宿和餐饮服务人员；④ 信息传输、软件和信息技术服务人员；⑤ 金融服务人员；⑥ 房地产服务人员；⑦ 租赁和商务服务人员；⑧ 技术辅助服务人员；⑨ 水利、环境和公共设施管理服务人员；⑩ 居民服务人员；⑪ 电力、燃气及水供应服务人员；⑫ 修理及制作服务人员；⑬ 文化和教育服务人员；⑭ 健康、体育和休闲服务人员；⑮ 其他社会生产和生活服务人员。

第五大类：农、林、牧、渔业生产及辅助人员。包括 6 个中类：① 农业生产人员；② 林业生产人员；③ 畜牧业生产人员；④ 渔业生产人员；⑤ 农、林、牧、渔业生产辅助人员；⑥ 其他农、林、牧、渔业生产及辅助人员。

第六大类：生产制造及有关人员。包括 32 个中类：① 农副产品加工人员；② 食品、饮料生产加工人员；③ 烟草及其制品加工人员；④ 纺织、针织、印染人员；⑤ 纺织品、服装和皮革、毛皮制品加工制作人员；⑥ 木材加工、家具与木制品制作人员；⑦ 纸及纸制品生产加工人员；⑧ 印刷和记录媒介复制人员；⑨ 文教、工美、体育和娱乐用品制作人员；⑩ 石油加工和炼焦、煤化工生产人员；⑪ 化学原料和化学制品制造人员；⑫ 医药制造人员；⑬ 化学纤维制造人员；⑭ 橡胶和塑料制品制造人员；⑮ 非金属矿物制品制造人员；⑯ 采矿人员；⑰ 金属冶炼和压延加工人员；⑱ 机械制造基础加工人员；⑲ 金属制品制造人员；⑳ 通用设备制造人员；㉑ 专用设备制造人员；㉒ 汽车制造人员；㉓ 铁路、船舶、航空设备制造人员；㉔ 电气机械和器材制造人员；㉕ 计算机、通信和其他电子设备制造人员；㉖ 仪器仪表制造人员；㉗ 再生资源综合利用人员；㉘ 电力、热力、气体、水生产和输配人员；㉙ 建筑施工人员；㉚ 运输设备和通用工程机械操作人员及有关人员；㉛ 生产辅助人员；㉜ 其他生产制造及有关人员。

第七大类：军人。包括 4 个中类：① 军官（警官）；② 军士（警士）；③ 义务兵；④ 文职人员。

第八大类：不便分类的其他从业人员，包括 1 个中类。

想一想

按照《中华人民共和国职业分类大典》（2022 年版）的分类，今后你希望从事的职业分属哪个大类、哪个中类？

三、了解职业环境分析

进行职业环境分析，主要是为了了解各种环境因素对自己职业生涯发展的影响。环境因素是客观的，是不以人的意志为转移的，但是环境因素却是可以被选择、被利用的。通过职业环境分析弄清环境对职业发展的要求、影响及作用，对各种影响因素加以衡量、评估，才能在复杂的环境中趋利避害，使职业生涯规划更有实际意义。职业环境分析主要包括社会环境分析、区域环境分析、学校及家庭环境分析。

职业环境分析

想一想

你即将毕业，要去找工作，在做职业选择时，要考虑哪些方面的因素？

（一）社会环境分析

所谓社会环境分析，就是对我们所处的社会政治环境、经济形势、文化环境、行业发展等宏观因素的分析。人是社会的产物，人的生存和发展离不开社会，社会环境对我们的职业生涯具有重大影响。通过对社会环境的分析，我们可以对当前所处社会的政治、经济、文化等方面有一定的了解和认知，以便更好地寻求各种发展机会。

1. 社会政治环境

社会政治环境是指制约和影响企业的各种政治要素及其运行时所形成的环境系统。社会政治因素对企业的影响是非常巨大的，而企业的发展变化则对我们个人的职业生涯有着举足轻重的作用。因此，我们要了解国际、国内的政治环境，以及国家政治形势及其变化等。

2. 社会经济形势

社会经济形势对我们的职业选择和职业发展有着重大影响。社会经济繁荣，新兴行业不断出现，这就要求社会为各个新兴行业提供所需的人才，人们也因此获得更多的就业与晋升机会。经济发展停滞甚至衰退就会导致失业率增长，个人的职业选择和职业发展也会变得更加困难。当前，我国经济增长的内在动力较强，经济保持中高速增长，增长水平在世界主要国家中名列前茅。

3. 社会文化因素

社会文化因素是指在一种社会形态下形成的价值观念、生活方式、宗教信仰、人口状况、教育程度、道德规范、审美观念，以及世代相传的风俗习惯等方面的因素。这些因素是人类在长期的生活和成长过程中逐渐形成的，人们总是自觉或不自觉地接受这些准则并把它作为行动的指南。社会文化因素对我们的职业生涯规划有多方面的影响。例如，在大学生择业过程中出现的"孔雀东南飞"、公务员热、考研热、工匠热、技能大师热等现象，都是社会文化对职业规划产生影响的生动实例。在进行职业规划时，我们只有顺应当前的就业形势和就业政策，从个人实际、社会需求和长远发展入手，树立正确的就业观，才能在竞争激烈的就业市场中找到发挥自己能力的场所。

4. 行业发展动向

社会是发展变化的，行业变迁是社会分工变化的必然结果，社会在不同时期对不同行业有不同的需求。我们在进行行业动向分析时，一定要结合社会大环境的发展趋势。由于科学技术的飞速发展，会使某些行业如同夕阳坠落，逐渐萎缩、消亡；更有许多极具发展前途的朝阳行业不断出现、发展起来。同时还要注意国家政策的影响，要了解国家对某一行业是支持、鼓励和引导，还是限制、控制和制约。要尽量选择那些有前景、发展空间较大的行业。

例如，我国近年来狠抓环境保护，推行可持续发展战略，保护生物多样性，在农业生产中控制化学制品的使用，开发"绿色食品"等，使环境保护产业如初升朝阳，充满生机，推动环保设备生产、环保技术咨询等行业迅速发展，提供了大量就业岗位。而这时如果不了解情况，为了一时利益，盲目进入那些污染严重的行业谋职，必将会给自己的职业生涯造成严重的不良后果。

职业规划案例

我国高级技工的岗位空缺与求职人数的比率已达 2 : 1

近年来，随着技能人才培养、职业技术培训制度的逐步完善，随着我国更加积极地参与世界技能大赛，中国技工正在以新的面貌走向世界。许多对技工操作有浓厚兴趣的学生纷纷选择投入技工学习中，技工院校培训更加注重校企结合。尽管如此，实际生产中，仍然面临高级技术人才稀缺等问题，急需完善技工评价体系，构建以职业能力为导向的新型技能人才发展环境。

切削雕磨、打孔钻锉……在全国 200 多个集训基地里，一群年轻人正投身于热火朝天的训练中。他们来自五湖四海，有的是上届世界技能大赛的"老将"，有的刚从全国选拔赛中突出重围；他们是一支庞大的队伍，有 500 多人；他们将历经多轮考核，最终每个项目角逐出 1 名选手。他们是技能青年，将代表中国出征下一届世界技能大赛，代表着中国技能人才的最高水平。

这群年轻人为什么选择当技工？

当个好技工，有趣味、有价值也受尊重

"人生有许多条路通向成功，不单单是考大学这一条路。选择一门技术，也能够通过努力实现自己的人生梦想。"第四十四届世界技能大赛时装技术项目金牌获得者胡萍说，到北京市工贸技师学院学习服装专业，是自己的选择，源于自发的兴趣。可做出这一决定并不轻松，"一开始，亲戚和朋友都很不认可我的决定。多亏了世界技能大赛，肯定了我的价值，也让亲戚朋友改变了对我的看法"。

作为第四十四届世界技能大赛珠宝加工项目铜牌获得者，胡凡与胡萍一样，也是主动选择当技工。2014 年高考后，他放弃了二本院校，来到深圳技师学院学习珠宝设计与制作。"选择很重要，要冷静下来，思考自己适合什么、喜欢什么。在技工院校学手艺，走技能成才道路，也是一条康庄大道。"胡凡说。

虽说社会上重学历轻技术的观念尚未完全扭转，但越来越多的年轻学子基于兴趣选择成为一名技工。他们自信活泼、充满活力，希望在各个领域中创造出属于自己的价值。

走进技工院校的大门，映入眼帘的，不仅仅是人们印象中车钳铣刨磨等传统技工操作，广告设计、室内设计、工业设计、3D 打印应用、应用生物、图文传播技术、风景园林、电子信息技术等新专业纷纷涌现。随着科技的进步、产业的转型升级，一些传统工种逐步消失，智能设备的安装、保养和调试等新专业取而代之。

"让社会更加了解技工、理解技工，是我们申办世赛、积极参赛的根本目的，希望可以吸引更多人参与技能事业。"人力资源和社会保障部职业能力建设司负责人说，以去年全国选拔赛为例，共 1 359 名选手参赛，约 15 万名观众到场观赛，近百家企业、院校到赛场布展，上百万观众通过网络直播观看比赛，通过参赛、观赛促进社会风尚转化，使社会更加尊重技能人才。

毕业即就业，"吃香"程度持续走高

在2018年的全国选拔赛中，广东队大获丰收，共有101名选手入围42个项目国家集训队，获得20个项目全国冠军。这些选手绝大部分是广东省各大技工院校的在校生。

广东全省共有技工院校156所，在校生57.1万人。这批学生们不仅仅上得了赛场，更下得了厂房。"我们2017届毕业生的就业率高达99.53%，毕业即就业，近年来企业求人倍率（岗位空缺与求职人数的比率）已达5：1，'吃香'程度继续走高。"广州市工贸技师学院院长说。

"专业设置必须对接产业发展，让学生出校门就能直接适应企业，缩短了工学之间的磨合期。"中山市技师学院院长说。

院校牵手企业，招生如同招工。2017年6月，广东省机械技师学院和西门子共同成立了全球首家中德西门子技术国际学院，学生毕业后将取得西门子德国柏林技术学院高级工或工程师证书和技师学院毕业证书。"我们创新推行'校企双制'办学，推动学院与一大批大中型骨干企业开展校企合作，联合招生招工、送岗送学、双制培养。"广东省机械技师学院院长说，从入口到出口，企业全程参与人才培养的每个阶段，充分发挥学校育人机制和企业用人机制的耦合作用。

人数总量多，人才结构待优化

虽说我国技能人才队伍建设成效显著，但是，技能人才招人难，尤其是高级技能人才缺乏的问题仍是企业迈向高质量发展的首要困扰。

有数据显示，我国技能劳动者仅占就业人员的20%，高技能人才数量还不足6%，总量严重不足。从市场供需来看，近年来，技能劳动者的求人倍率一直在1.5以上，高级技工的求人倍率甚至达到2以上的水平。技工紧缺现象逐步从东部沿海扩散至中西部地区，从季节性演变为经常性，供需矛盾突出。

"我们更想在实际生产中发挥更大价值。"胡萍说，作为备战世界技能大赛的运动员，希望有一天自己的技能能经得起市场的考验。

资料来源：人民网

启智润心

从上述案例可以看出，当前我国技能人才短缺，国家十分重视技能人才的培养。社会环境对我们的职业发展有着重要影响，因此，大学生要注意了解社会政治环境、经济形势、文化环境、行业发展中的变化与趋势，找到自身所学与社会经济发展需求的结合点，以便更好地规划自己的职业生涯，与历史同向，与祖国同行。

（二）区域环境分析

个人职业生涯的发展离不开国家社会经济发展的大背景，也离不开个人所在地区经济发展的小背景。我国幅员辽阔，各地区差别很大，都有自己独特的自然、经济和社会条件。按照以往的情况，经济发达地区特别是东南沿海地区，如上海、广州等地，人才需求旺盛，就业机会多，发展空间大；而经济相对落后地区，如云南、贵州等地，就业机会相对较少，发展空间也相对较小。但是近年来，随着国家区域协调发展战略的实施，我国中西部地区经济增长速度加快，对人才的需求也愈加迫切，在人才引进方面有着更多的优惠政策。所以在进行职业生涯规划时，可以把眼光投向中西部地区。

关注区域经济的发展，可以捕捉到有利于我们职业生涯发展的机会，也可以验证个人发展目标是否符合经济社会的发展需要。无论当地的经济和社会条件如何，只要了解当地的区域经济特色，并加以利用，就一定能为自己找到合适的就业或创业之路。

职业规划案例

"人们常说人要有一技之长，如果当初我没有去上职校，我肯定不会有今天的成就。"现任青海交通投资有限公司花大项目办主任韩伟学骄傲地说。

今年35岁的韩伟学，回顾自己16年的工作经历不禁感慨万千。1998年，初中毕业的韩伟学考入了青海交通职业技术学院，进入职校后，韩伟学选择了公路与桥梁专业，就是这三年的学习为他多彩的人生打好了底色。

"我之所以想报公路与桥梁专业，是因为我深深地知道要想富先修路。我是来自循化撒拉族自治县查汗都斯乡的撒拉族农民孩子，那时候去县城上学，要骑一个小时自行车走13公里的路才能到，那时候我就想如果路好了，我们就不会这么辛苦了。"韩伟学说。

从青海交通职业技术学院毕业后的他，选择到公路建设的最前沿、最基层工作。韩伟学说，修路这项工作并不轻松，工作现场大多在高寒缺氧地区。"我毕业的时候正好赶上西部大开发，青海这片土地生我养我也培养了我，我想留在这里为家乡人民做更多的事，我想把我学到的回报给这片土地，所接受的职业教育给了我满满的信心。"

从工程施工到工程监理，再到项目管理，韩伟学一路走下去。"我们班当时46个同学，如今百分之八十的同学到现在跟我一样从事着本专业，我们就想为道路建设多做一点贡献，参与到青海的经济发展当中来，为家乡的老百姓修更多更好的道路。这也影响到下一代，我很多朋友的孩子都想上职校，希望学到一技之长。"

资料来源：现代高等职业技术教育网

启智润心

关注国家的区域政策及区域经济的发展，可以捕捉到有利于职业生涯发展的机会。案例中，韩伟学毕业时正好赶上西部大开发，于是他便抓住这次机会，选择到青海，为家乡建设贡献自己的力量，从而也实现了自己的职业规划。

（三）学校及家庭环境分析

1. 学校环境

在影响职业生涯规划的环境因素中，学校教育起到了相对主导的作用。学校教育是带有明确目标的系统性教育，是专门培养人的机构，其一切活动几乎都是围绕有目的地培养人而展开的。我们在对学校环境进行分析时，可以从以下几个方面进行。

（1）所学专业。大学期间所学专业将大致决定大学生今后所从事职业的方向。

（2）师资力量。教师是教学过程的组织者、引导者、协调者、评估者，教师在知识的启发与传授过程中占据了主导地位，教师自身的思想状态、心理倾向、教学能力、教学方法与人格魅力等在面对面的教学过程中会不断影响学生，促进学生世界观、人生观、价值观的发展与完善。

（3）校园文化。不同的学校有着不同的校园文化，培养出的学生也有不同的特点。健康的校园文化可以陶冶学生的情操，启迪学生的心智，促进学生的全面发展，潜移默化地影响学生的主流价值理念。

（4）校友文化。校友在工作岗位上所取得的成就能够为母校赢得巨大的社会声誉，校友的先进事迹能够激发在校学生奋发的意志，遍布各地、各行业的校友也能够为母校提供就业信息。从社会效应上来说，校友的就业方向、就业环境、就业理念对毕业生的就业选择都会产生较大的影响。

2. 家庭环境

家庭是人生活的重要场所，人的社会化首先从家庭开始，一个人的性格、价值观、行为模式等均带有家庭的烙印。因此，大学生在进行职业生涯规划时，家庭的经济状况、家人期望、家族文化等因素也是要重点考虑的。

家庭环境分析即对家庭软、硬环境的分析。其中，家庭软环境是指家庭给人的内在情绪和感受，它对人起着潜移默化的作用，是家庭生活中人与人之间相互联系时所形成的一种气氛；家庭硬环境是指特定的物质条件，它是人得以发展的基础条件。每个人从出生伊始就受到家庭环境的影响，这种影响往往是多方面的、深远的，往往能够影响人的一生。进行家庭环境分析可以从以下几个方面入手。

（1）家庭资源。家庭资源的合理配置可以为子女提供良好的物质环境，使他们在压力适中、条件相对较好的家庭环境中，发展独立性和自我管理能力，增进其学习的愿望和主动性。

（2）父母文化水平。父母的文化水平会直接影响其教养孩子的方式，从而造成孩子不同的品格特点。常见的父母教养方式及孩子相应的品格特点如表1-9所示。

表 1-9　父母的家庭教养方式与孩子的品格特点

教养类型	教养方式	孩子的品格特点
民主型	接纳—控制：关心、理解、信任、自主、尊重 　　对孩子高度关怀，中等程度的行为控制；既不娇惯，也不过于严厉；对孩子的行为有明确的规定和要求，并能严格执行；对孩子的期望与要求和孩子的能力相一致；亲子关系平等，如朋友一般	有社会责任感、有成就倾向、自我约束能力强、亲切温和、情绪稳定、深思熟虑、独立、自信、善于协作
专制型	冷淡—控制：命令、苛求、禁止、威胁、惩罚 　　父母往往表现出缺乏热情的情绪反应，很少考虑孩子自身的愿望和要求；对孩子的一举一动都横加限制，如有违反，会采取强硬措施，甚至动用暴力；亲子关系疏远，以父母为中心	缺乏安全感与归属感、缺少主动性、恐惧、自卑、懦弱、服从、焦虑、倔强、逆反、冷漠、残忍、消极、被动
娇宠型	接纳—不控制：接受、顺从、溺爱、纵容、迁就 　　对孩子百般疼爱，过分娇宠，处处迁就，事事代劳，对孩子的任何要求都不假思索地答应，对孩子偏袒护短，过度保护，缺乏引导与教育；贴身侍从式的亲子关系，以孩子为中心	缺乏责任感、缺乏创造性、依赖性强、被动、顺从、懒惰、自私、任性、幼稚、野蛮、无礼、唯我独尊、冲动
冷漠型	冷淡—不控制：不闻不问、放任 　　父母对孩子既缺乏爱的情感和积极反应，又缺少对行为的要求和控制，亲子间交往甚少，父母对孩子缺乏基本的关注与了解，对孩子的一切行为举止采取不加干涉的态度，给孩子一种被忽视的感觉；亲子关系淡漠，各自以自我为中心	缺乏归属感、缺少爱心、缺少责任感、冲动、不顺从、自傲、目中无人、自以为是

（3）家人的职业状况。家人的职业状况也会对孩子的学习及将来的职业规划产生影响。例如，若父母是自己创业，子女在长期的熏陶中也会积累创业的意识和技能。

拓展阅读

产业、行业与职业的关系

产业是指具有某种同类属性的经济活动的集合或系统。我们通常所说的三大产业是联合国使用的分类方法：第一产业包括农业、林业、牧业、副业和渔业；第二产业包括制造业、采掘业、建筑业和公共工程、上下水道、煤气、卫生部门；第三产业包括商业、金融业、保险业、不动产业、运输业、通信业、服务业及其他非物质生产部门。行业一般是指按生产同类产品、具有相同工艺过程或提供同类劳动服务划分的经济活动类别，如饮食行业、服装行业、机械行业、金融行业和移动互联网行业等。

产业、行业、职业三者之间既联系密切，具有相同点，又是有区别的。

三者的联系表现在：三者都是社会分工的产物，都是社会生产力不断发展的必然结果，这是它们在本质上的共同点。在社会发展中，随着新技术的出现，产生了新产品及相应职业的从业人员。随着新产品的生产及相应从业人员数量的不断扩张，新的行业逐渐形成。当新行业发展到一定规模时，就会与其他相关行业进行整合，依据发挥作用的程度并入或形成新的产业。

三者的区别表现在：它们在国民经济领域中，从层次上是由高到低、概念上涉及的范围是由大到小。产业的着眼点是生产力布局的宏观领域，体现的是以产业为单位的生产力布局上的社会分工，产业由行业组成；行业的着眼点是企业或组织生产产品的微观领域，体现的是以行业为单位的产品生产上的社会分工，行业由企业或组织组成；职业的着眼点是组织内工作人员的具体工种，体现的是以人为单位的劳动技能上的社会分工，职业是由人的技能组成的。

探索活动

绘制家庭职业树

活动目的：

进一步了解职业，正确认识职业。

活动内容：

首先将你家族中重要的亲属及他们的职业写在家庭职业树（见图1-2）上，用红笔标出与自己关系密切的重要人物，填写完成后，回答下面的问题。

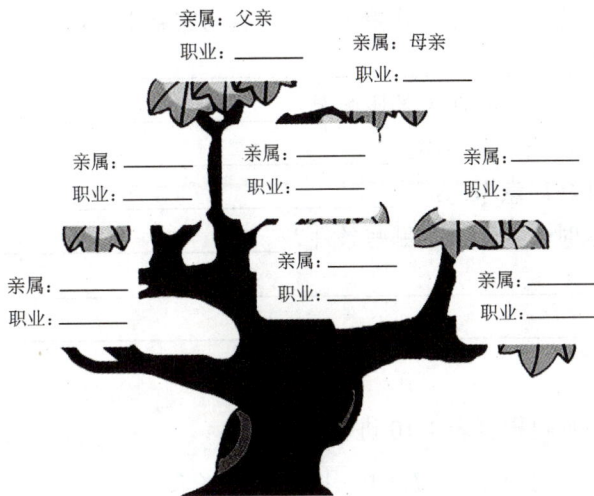

亲属：父亲
职业：_____
亲属：母亲
职业：_____

亲属：_____
职业：_____
亲属：_____
职业：_____

亲属：_____
职业：_____

亲属：_____
职业：_____
亲属：_____
职业：_____

图1-2 家庭职业树

（1）家族中最多人从事的职业是：_____

（2）我想要从事这种职业吗？为什么？_____

_____

_____

（3）爸爸如何形容他以往和目前的职业？爸爸平时会提到哪些职业？他会说些什么？_____

_____

_____

（4）爸爸的想法对我的影响是：_____

_____

（5）妈妈如何形容她以往和目前的职业？妈妈平时会提到哪些职业？她会说些什么？_____

_____

（6）妈妈的想法对我的影响是：_____

_____

（7）家族中还有谁对职业的想法对我影响深刻？他们是怎么说的？_____

_____

（8）家族成员的职业中最让自己满意的职业是什么？（例如，堂哥在医院当医生，不仅收入高，社会地位也高）_____

（9）家族其他成员最羡慕的职业是：_____

（10）对他们的想法，我觉得：_____

_____

（11）在兴趣、能力、体能、外貌等方面，我与家族中谁最相似？他从事的职业与我的偏好有多大关联？_____

（12）家人对我未来选择职业的影响是：_____

（13）哪些职业我绝不会考虑：_____

（14）哪些职业我愿意考虑：_____

（15）选择职业时，我还在乎哪些条件？_____

_____

_____

活动检测：

活动结束后，教师可根据表 1-10 进行评分。

表 1-10 探索活动评价表

评分标准	分值	实际得分	备注
正确填写家族亲属的职业	25		
理解职业的含义	25		
问题答案客观、真实，符合实际	25		
积极参与活动	25		
总分	100		

能力训练

人物生涯访谈

请通过朋友推荐、教师介绍等方式进行一次访谈活动，访谈对象为从事你所学专业对口职业或你所感兴趣的职业的人。

活动要求：

接受访谈者最好从事该职业 3～5 年甚至更长时间；为了避免访谈的片面性，应至少访谈两个人以上。

活动准备：

访谈前应准备好需要提问的问题，明确访谈目的，提高访谈效率。为自己准备一段 30 秒的简单介绍，因为在访谈过程中，对方可能会问到你的职业兴趣和目标。

参考问题：

（1）在这个工作岗位上，您每天都会做些什么？

（2）您是如何找到这份工作的？

（3）这项工作需要的是什么样的人？

（4）这项工作需要特别的知识、技能和经验吗？

（5）这项工作需要什么样的教育或培训背景？

（6）就您的工作而言，您最喜欢什么？最不喜欢什么？

（7）本工作的哪部分让您最满意？哪部分最有挑战性？

（8）在这个领域工作，您遇到过哪些问题？

（9）对于一个即将进入该领域工作的人，您有什么意见和建议吗？

（10）本领域初级职位和略高级职位的薪水是多少？

（11）公司对刚进入这个领域的员工提供哪些培训？

（12）本领域发展机会多吗？

（13）什么样的个人品质或能力对本工作的成功来讲是最重要的？

（14）还有哪些方法能帮助我深入了解该工作领域？

第三节 认识所学专业

案例导入

专业不对口，求职被拒

小钱是管理工程专业的一名毕业生，他打算应聘某公司市场部的销售岗位。但该公司产品技术含量较高，因而需要应聘人员有相关的技术背景，对应聘者的专业有着严格的要求，而管理工程专业不在市场部考虑范围。所以，小钱在前期的应聘申请表的筛选中就被淘汰了，未能进入笔试和面试。

小钱并没有放弃，他先后4次找到招聘负责人，要求他们重新考虑。虽然在第一次沟通中招聘主管就耐心地向他讲明了原因，但小钱始终强调自己有足够的兴趣和热情，能做好销售工作，这使得招聘人员对他的做法很反感。

资料来源：豆丁网

问题与思考：

你对专业对口的要求怎么看？你了解你所学专业的就业方向吗？

知识学习

一、了解所学专业

专业，是一种学业的分类，是院校根据社会专业分工的需要设立的学业类别。设置专业是大学培养人才的重要特征。关于专业设置有三点需要说明：

（1）专业设置有人才培养规格的要求。一个大学生只有完成专业教学计划规定的学习任务，才是一个符合该专业培养规格的合格毕业生。

（2）专业设置兼顾了职业群的要求。专业目录由教育部审批颁布。专业设置不是固定不变的，它会根据各高校实际需求定时进行调整。大学本科的专业设置是以学科为主进行划分的。学科有其自身的科学体系和内涵，与职业有联系，但不紧密。高等职业学校和高等专科学校专业，兼顾了职业群的要求，建立了专业与职业（职业群）较紧密的联系。大学生除完成专业学习外，还可以跨专业选修课程，以适应自己职业规划的需要。

（3）专业设置受社会需求发展变化的制约。那种认为"上了大学就有一个好职业"的时代，随着"精英"教育年代的结束而结束了。

专业是职业发展的基础，因此，大学生必须了解自己所学专业。大多数的学生在选择所学专业时，主要是通过专业名称、他人介绍和网络查询等途径来了解的，认识并不深入。进入大学后，学生可以向学校老师和高年级同学咨询所学专业的发展前景、就业方向和学习方法等，以更加全面地认识所学专业，激发自己对所学专业的兴趣。此外，还要仔细阅读所学专业的教学标准和人才培养方案，了解所学课程及具体要求，以明确学习目标，有针对性地进行专业学习。

课堂讨论

请同学们在下列符合自己现状的选项后画"√"。

（1）对自己所学专业感兴趣

① 了解自己的专业，觉得所学专业与自己的兴趣相符。　　　　　（　　）

② 开始并不了解自己所学的专业，但通过学习发现越来越感兴趣了。（　　）

（2）不知道对所学专业是否感兴趣

① 迷茫，不爱学习，听课时容易想别的事情，无法专注。　　　　（　　）

② 能学点就学点，不学也没什么感觉，能学的时候有点兴趣。　　（　　）

（3）对自己所学专业不感兴趣

① 不了解自己所学的专业，主要是不爱学习造成的。　　　　　　（　　）

② 对本专业了解一些，不过是家长帮忙选的，自己并不愿意选择这个专业，像是被骗过来的。　　　　　　　　　　　　　　　　　　　　　　（　　）

③ 本来有点爱学，可是有些课程学得不好，就不感兴趣了，专业兴趣不稳定。

　　　　　　　　　　　　　　　　　　　　　　　　　　　　　（　　）

④ 听别人说这个专业很好，但了解后感觉并不理想。　　　　　　（　　）

你属于上述哪一种类型？如果对自己所学专业不感兴趣，就一定要转专业，这种想法对吗？为什么？

二、了解就业方向

不同专业所对应的就业方向不同，为做好职业规划，我们必须了解自己所学专业对应的职业包括哪些，以及相关行业的发展趋势和就业形势。

（一）职业探索

1. 职业描述

职业描述即定义这个职业的内涵，是对职业最精炼的概括和总结，是透彻理解职业和调研职业的基础，具体包括职业名称、社会各界对此职业的定义等。除了一些最新的职业，外界一般都会对各职业有固定的定义，在查找时可以参照联合国国际劳工组织的职业展望手册，中国人力资源和社会保障部颁布的《中华人民共和国职业分类大典》等。

在了解了外界对该职业的定义后，自己也需要为此职业做出定义和描述，因为日后自己在这个职业中要做的事情都是在此基础上的拓展。

2．职业的核心工作内容

了解职业的核心工作内容有利于了解完成工作所必需的工作能力，使自己找到自身与职业要求之间的差距，从而提升相关能力，以完成工作内容。要了解职业的核心工作内容，可以通过权威的人事部门、企业的招聘广告，或者请教该职业的资深人士等途径获取想要的信息。

3．职业前景及对社会的影响

职业的发展前景是国家、社会等对这个职业的需求程度，具体包括职业在国家阶段发展中的作用、职业对社会和大众的影响、职业对生活领域的影响。这就是说，了解职业时不仅仅要知道这个职业对国家、社会和行业的用处，也要知道这个职业对大众的影响。

4．薪资待遇及潜在收入空间

职业是社会分工的产物，社会根据参与分工的量来确定相应的报酬，在不同的行业、企业、岗位上还有一些潜在的收入空间。薪资待遇是我们在择业时要重点考虑的因素，因而在探索职业时应对其进行重点调研。

5．入门岗位及其职业发展通路

入门岗位一般是针对应届毕业生的一些中低端岗位。在探索职业时要了解一个岗位对应的职业发展通路是什么，这个岗位有哪些发展途径等。再好的职业，通常也要从基础的工作开始做起，而入门岗位就是提供给应届生的敲门砖。

6．职业精英

职业精英即职业标杆人物，就是在这个领域做得最好的人。通过网络、书籍、人物访谈等方法可以了解这些人取得了什么成绩，遇到了哪些困难，具备什么素质等。研究职业标杆人物，可以让自己了解他的奋斗轨迹，加深自己对职业的了解，找到努力的方向和途径。

7．职业的典型一天

要知道这个职业工作的一天通常要经历些什么，时间都是怎么安排的。这是我们判断自己是否适合这个职业的重要指标。有些学生对职业的认识往往只停留在想象和猜测的阶段，只有通过职业探索，才能知道这个职业是不是自己想要的。

8．职业通用素质要求

职业通用素质要求是指从事这个职业的基本要求。通过对此项的了解，我们可以知道自己是否能满足这个职业的要求，并找到不足和差距，以便补充和加强。

课堂讨论

手机已成为我们生活中必不可少的工具之一，请各小组同学采用头脑风暴的方式列举出尽可能多的与手机相关的职业，并将所有联想到的职业都记录下来。

讨论：所列出的职业中有哪些职业与自身所学专业有关？你从这个活动中得到了什么启发？

（二）行业探索

1．行业定义

不同的行业有不同的定义，不同的人对同一行业的定义也不一样，所以我们需要仔细地搜集该行业的信息，加深自己对该行业的认识，形成自己对行业的定义。

2．行业对生活和社会的作用及其发展趋势

科学技术的飞速发展会使某些行业逐渐萎缩、消亡，也会使许多极具发展前途的朝阳行业不断出现、发展。明确行业对社会和生活的作用可以在一定程度上帮助我们判断该行业的发展前景，从而选择发展空间较大的行业。

3．行业的人才需求

了解行业的人才需求就是了解该行业的基本要求和准入门槛。了解行业需要具备的通用素质和职业资格证书后，在校期间可以尽可能多地考取职业资格证书来获得入行的敲门砖。另外，我们还要了解该行业的人才需求状况，即该行业的人才缺口有多少。目前我国急需各类技术技能人才，包括信息技术人才、高档数控机床人才、机器人专业人才、电力装备人才、农机装备人才、节能与新能源汽车人才等。

三、理解专业与职业的关系

专业是学业门类，职业是工作门类，专业与职业之间主要存在以下四种关系：

（1）专业包容职业。在这种情况下，个人的职业发展一直在所学专业的领域内，选择的职业与学习的专业相吻合，能够做到学以致用。

（2）专业为核心，职业包容专业。这是指以专业为核心发展职业，个人的职业发展以所学专业为核心，向外扩展。这种情况下，选择的职业与学习的专业虽然方向一致，但职业发展超出所学专业领域，需要根据自己的职业规划，在学好专业的基础上通过选修、自学提高自己所从事职业的素质。

（3）专业与职业交叉。以专业为基础发展职业，个人的职业发展在所学专业基础上有重点地沿某一方向拓展。所学专业在个人职业发展中仍有重要意义，需要在职业生涯规划的指导下，在学好本专业的基础上，同时辅修或自学自己规划要从事的其他专业课程。

（4）专业与职业分离。个人规划要从事的职业与所学专业基本无关，所学专业的某些方面在个人职业发展中有一定的重要性，但方向并不一致，这时应尽早调整专业，若为时已晚，应辅修其他专业。

想一想

你所学的专业将来可以从事哪些职业？你倾向于从事哪种职业？为什么？

拓展阅读

新版职业分类大典净增 158 个新职业

2022 年 9 月 28 日，人力资源和社会保障部正式发布《中华人民共和国职业分类大典（2022 年版）》（以下简称"新版大典"）。据介绍，新版大典适应当前职业领域的新变化，能够更好满足优化人力资源开发管理、促进就业创业、推动国民经济结构调整和产业转型升级等需要，对于经济社会各领域都具有重要价值。

近几年来，我国陆续颁布 74 个新职业，均被纳入新版大典。同时，围绕制造强国、数字中国、绿色经济、依法治国、乡村振兴等国家重点战略，将工业机器人操作员和运维人员、农业数字化技术员和农业经理人等也纳入新版大典。经调整，与 2015 版大典相比，在保持八大类不变的情况下，新版大典净增 158 个新职业，职业数达 1 639 个。

新版大典的一个亮点是首次标注了数字职业。数字职业是从数字产业化和产业数字化两个视角，围绕数字语言表达、数字信息传输、数字内容生产三个维度及相关指标综合论证得出。标注数字职业是我国职业分类的重大创新，对推动数字经济、数字技术发展以及提升全民数字素养，具有重要意义。新版大典中共标注数字职业 97 个，占职业总数的 6%。同时，延续 2015 年版大典对绿色职业标注的做法，标注 134 个绿色职业，占职业总数的 8%。其中既是数字职业也是绿色职业的，共有 23 个。

（资料来源：光明日报，http://www.gov.cn/xinwen/2022-09/29/content_5713525.htm）

探索活动

了解所学专业

以小组为单位进行一次访谈活动，访谈对象为本专业的专业课教师、高年级同学或已毕业的校友。

活动目的：

通过访谈更加深入地了解所学专业，进一步明确所学专业的就业方向，初步形成自身的职业规划。

活动内容：

（1）分组。每 6 人一组，设组长一名。

（2）组长负责联系访谈对象，确定访谈地点和时间。

（3）针对不同访谈对象准备好需要提问的问题，明确访谈目的，提高访谈效率。

活动检测：

活动结束后，教师可根据表 1-11 进行评分。

表 1-11　探索活动评价表

评分标准	分值	实际得分	备注
访谈前准备充分	25		
按要求实施了访谈	25		
对所学专业有了进一步认识，明确了就业方向	25		
积极参与活动	25		
总分	100		

能力训练

制定"大学学业规划"

为使自己的专业学习更加顺利，请根据以下步骤，为自己制定一份"大学学业规划"。

（1）了解自我：从多个方面全面分析个人的优缺点。

例如，性格方面、理论知识方面、操作能力方面及社会实践能力方面等。

（2）了解环境：分析自己所处的环境特点。

例如，所就读的学校、所选择的专业、目前所读的年级等。

（3）明确目标：大学期间希望达到的主要目标，可分为短期目标和长期目标，或者阶段性目标和总体目标。

（4）实施计划：制定完成目标所需要的计划和步骤，并撰写成文。

第 二 章

规划职业生涯

知 识 目 标

➢ 理解职业生涯与职业生涯规划的含义。

➢ 掌握制定职业生涯规划的原则与步骤。

➢ 了解职业生涯规划书的基本类型。

➢ 掌握职业生涯规划书的基本内容与撰写要求。

能 力 目 标

➢ 能充分认识职业生涯规划的重要性。

➢ 能初步规划自身的职业生涯。

➢ 能够撰写符合自身实际的职业生涯规划书。

素 质 目 标

➢ 自觉树立职业生涯规划意识。

➢ 努力培养职业生涯规划能力。

➢ 树立正确的职业理想。

第一节 了解职业生涯规划

案例导入

我该怎么办

小安，女，19岁，某高职学院二年级学生，护理专业，是家里的独生女，父母都在当地重点中学任教。小安从小学习成绩优异，性格外向，爱热闹、爱交朋友，上学期间一直担任班干部，是老师、父母口中的"好孩子"，目前所学专业不是自己特别喜欢的。

她本想学习心理学专业，但高考时发挥失常，没能进入理想的大学。目前就读的护理专业是调剂的。小安对护理谈不上喜欢，过去一年多学习成绩一般，个别课程勉强及格。对未来自己要从事怎样的工作、选择怎样的职业，小安都没什么概念，只是觉得想要找一份相对稳定的工作。

小安说："大学以前的学习目标都很明确，就是要考上大学。现在上了大学了，却发现目标没了。我不想像有些学姐说的，三年过去了，毕业的时候都不知道自己要找一个什么样的工作。我感觉自己现在有点着急，很迷茫、很焦虑。"

问题与思考：

（1）小安目前面临的最主要的问题是什么？

（2）如果你是小安，你觉得你应该怎样走出目前的迷茫状态？

知识学习

一、初识职业生涯规划

（一）职业生涯

职业生涯是指个体一生中从事职业的全部历程，包括一个人所有的工作、职业、职位及其变更，以及个人态度和内心的成长与体验，整个历程可以是连续的或间断的。狭义的职业生涯只针对客观的工作经历及与工作有关的行为，开始于任职前的职业学习和培训，终止于退休；广义的职业生涯则贯穿人的一生，是个体在一生中关于职业的经历或历程。

职业生涯规划
助她成长

（二）职业生涯规划

职业生涯规划简称生涯规划，又称职业生涯设计，是指在对职业生涯的主、客观条件进行测定、分析、总结的基础上，对自己的兴趣、爱好、能力、特点进行综合分析与权衡，结合时代特点，根据自己的职业倾向确定最理想的职业奋斗目标，并为实现这一目标做出行之有效的安排。

职业生涯规划按完成各阶段生涯的时间长短，可分为以下四种类型。

（1）短期规划，一般为2～3年的职业规划，主要确定近期的目标，规划近期要完成的任务。

（2）中期规划，一般规划3～5年内要达到的目标和任务。人们一般把个人职业规划的重点放在中期规划，这样有利于根据实际情况随时进行调整。

（3）长期规划，一般为5～10年的职业规划，主要制定较长远的目标，以及为实现目标所采取的措施。

（4）人生规划，即整个职业生涯的规划，时间可长达40年，主要设定个人整体发展目标。

同时，一份行之有效的职业生涯规划应该具有下列特点。

（1）可行性。规划要从个人的实际出发，要切实可行，并非是美好幻想或不着边的梦想。

（2）适时性。规划是预测未来的行动，确定将来的目标。因此，各项主要活动何时实施、何时完成，都应有时间和时序上的妥善安排，作为检查行动的依据。

（3）适应性。未来的职业生涯牵涉到多种可变因素，因此规划应有弹性，以增加其适应性。

（4）连续性。职业生涯是一个连续不断的过程，因此要注重规划的连续性。

职业规划案例

李恒成功的秘诀

李恒年轻时曾在某家大公司工作。进入公司不久，由于体质虚弱，积劳成疾，他病倒了。但他凭着坚强的意志与病魔搏斗了3年后，终于康复重回到公司工作。

此时，一些比李恒晚入公司的后辈，职位都超过了他，李恒觉得要想在短时间内缩小3年的差距着实不易。但是，李恒并不是一个轻易服输的人。由于担心过分逞强会引起旧病复发，于是他就想找出既能努力工作又能保证健康的方法。他抱定"别人花3年时间，我花6年的时间；别人花5年时间，我就花10年的时间，只要不慌乱，一步步地前进，还是会有成就的"。

所以，李恒订立了自己的"25年计划"表，并督促自己按计划实施。此后，他每年都为自己未来的25年职业生涯制订新的计划。他经常不断地调整自己的职业规划，追加新的努力目标，使自己的工作目标逐渐变得宏大。到了30岁，李恒成了经理；到了

40 岁，他当上了总经理，他的升迁比别人要快得多。而 47 岁时，他选择离开这家大公司，开始创立自己的公司，并取得了成功。

启智润心

李恒能取得以上成就，并不是因为他特别聪明，而是因为他能制订适合自己的职业生涯规划，积极实践，并且还能在实践中根据实际情况不断进行调整。美好的蓝图不可能一蹴而就，青春的梦想不可能一夜成真。"仰望星空"的同时也要"脚踏实地"，大学生若想有一番作为，一定要提前制定合适的阶段目标，而不是盲目地"边跑边看路"。人生目标要高远、宏大，学会仰望星空，努力将人生理想融入中国梦的伟大实践中。短中长期目标的内容要相统一，尤其是在大学阶段要制定明确可行的短期具体目标，小目标的不断达成能够使大学生坚定信心，摒弃惰性，从而实现长期的目标，进而才有可能成为一名新时代"有信念、有纪律、有品行、有作为"的"四有"青年。

二、制定职业生涯规划的基本原则

大学生进行职业生涯规划时，既要立足社会需求，又要结合所学专业和本人实际情况。

（一）职业生涯规划要与社会需求相适应

就业作为一种社会活动，必定受到一定的社会需求制约，如果自身的知识与个人的观念、能力脱离社会需要，则很难被社会接纳。大学生在进行职业生涯规划时，要看清现实社会与未来的发展趋势，根据社会需要锻炼自己的能力，培养自己的综合素质，完善自己的人格，做到社会需求与个人能力的统一、社会需要与个人愿望的有机结合。

职业规划案例

出乎意料的落选

李艳毕业那年，广州某知名企业到学校招人，当时就决定录用大学期间各方面都非常优秀的她。同在那一年，她也考上了心仪大学的本科。最终，她选择了专升本。本科毕业后，她再次回到了广州，还是去那家企业应聘。没有想到的是，这家企业并没有录用她，因为有许多比她更合适的人选。

启智润心

社会的需求不断演化着，旧的需求不断消失，同时新的需求不断产生。昨天的抢手货也许今天会变得无人问津，生活总处于不断地变化之中。在设计自己的职业生涯时，一定要分析社会需求，择世之所需，从而达成心愿。

（二）职业生涯规划要与所学专业相匹配

每个专业都有特定的培养目标和就业方向，这是职业生涯规划的基本依据。大学生在求职过程中如果不能实现专业与职业的匹配，势必付出额外的成本，无论是对于个人还是社会都是巨大的浪费。因此，大学生在进行职业生涯规划时一定要了解与分析自己所学的专业，强化专业知识与技能，以专业特色和能力要求为导向，规划自己的学习与生活，力争实现专业与职业的匹配。

（三）职业生涯规划要与自身实际相结合

职业生涯规划强调岗位适应性和人职匹配，不能千篇一律。大学生一定要结合自身的特点，将职业生涯规划与自己的个性倾向、人格特质及能力特长等方面相结合。其中，个性倾向主要包括兴趣和世界观；人格特质包括气质与性格。通过职业生涯规划相关的测评认清自己，准确定位，充分发挥自己的优势，才能体现人尽其才、才尽其用的要求。

三、掌握职业生涯规划的步骤

（一）自我评估

自我评估就是对自己做全面分析。在职业生涯规划这个过程中，自我评估是不可缺少的步骤，是职业生涯规划的基础，关系到职业生涯的成功与否。

在自我评估中，要通过科学的认知方法和手段，对自己的职业价值观、职业兴趣、能力、气质类型、性格等进行全面认识，清楚自己的优势与特长、劣势与不足。同时，自我评估要客观、冷静，不能以点代面，既要看到自己的优点，又要敢于面对自己的缺点。只有这样，才能避免设计中的盲目性，使设计高度适宜。

回答以下问题，也许可以帮助你更清楚地了解自己。

（1）你现在的年龄多大？

（2）你在工作方面有什么需要？哪种需要占主流？是追求有更多的发展机会还是追求能取得更多的收入？是追求工作的舒适，还是追求竞争中成功带来的成就感？什么样的工作能满足你的这种需要？

（3）你的兴趣爱好是什么？你是喜欢与人还是与事物打交道？是喜欢管理工作还是技术工作？

（4）你有什么样的特殊能力？这些能力比较适合什么样的工作？

（5）你的性格属于哪种类型？这种类型适合干什么样的工作？

（6）你的专业是什么？这专业与哪些工作对口？

（7）家庭对你的职业生涯有怎样的影响？如何避免负面影响，利用正面的因素？

（8）你的人际关系如何？求职时能用上哪些？

（二）职业环境分析

在制定个人的职业生涯规划时，要对职业环境进行分析，分析环境条件的特点，环境发展变化情况，自己与环境的关系，自己在这个环境中的位置，环境对自身的要求，环境给自身带来的利弊等，以此来确定职业机会的大小。

（三）确定职业生涯目标

确立目标是制订职业生涯规划的关键，有效的生涯规划需要切实可行的目标，以便排除不必要的干扰，全心致力于目标的实现。确立一个什么样的职业目标，要根据主客观条件来选择。一般来说，需要遵循以下几个原则。

如何确立
职业生涯目标

1. 符合社会与组织需求的原则

职业生涯目标，如同一种"产品"。这种"产品"有市场，才有"生产"的必要。故在确定职业生涯目标时，要考虑到内外环境的需要，特别是要考虑到社会与组织的需要。有需求，才有位置。

2. 适合自身特点的原则

职业生涯目标是在充分认识自我和职业环境的过程中得到的。不同的人有不同的特点和优势。将目标建立在个人优势的基础上，就占据了主动有利的地位；目标抉择偏离了自身长处，便是自己跟自己过不去，自己为自己设置前进道路上的障碍。

3. 高远且可行的原则

确定目标的总原则：既不宜过高，更不能过低，要现实、可行。在与个人实际相符合的范围内，确定的目标可以稍高一些。有了远大的目标，能起到激励作用，可以促进学习，改进工作方法，使人为达到目标而发奋工作。当然，目标也不能过高。如果目标过高，则使人飘逸在幻想的高空，在现实生活中必然一事无成。

职业规划案例

目标过高的痛楚

小海是个刚刚毕业的小伙子，在担任兼职网站管理员期间，接触了很多的成功人士，也知道了一些成功人士到底是怎么成功起来的。他就给自己拟订了一个 3 年内达到百万年薪的职业目标。

在第一个公司里，当他拿着 2 000 元的月薪时，发现自己在这个公司里发展离自己的百万目标太过于遥远，于是毅然跳槽，来到第二家公司。在第二家公司里，小海的月薪提到 3 500 元，工作了 2 个月后，他发现在这个公司里发展，依然不可能实现自己的百万年薪的职业目标时，他再次跳槽了。1 个月后，小海找到一家觉得有发展的公司，在工作的 2 个月里，他再次跳槽。毕业 6 个月以来，小海先后跳槽 3 次，如今，他失业在家，并且发现很多公司不要自己。小海想不出所以然来，觉得自己空有一身抱负，却没有愿意重用自己的公司，这个社会太没有眼光了。

启智润心

小海给自己设定的职业目标对于一个刚进入社会的学生来说，实在太高。当我们发现所设置的职业目标无法实现时，我们应该适时地调整目标。同时要立足本职岗位成长，敬业、乐业、勤业、精业。

4. 长短配合恰当的原则

职业生涯发展是一个有机的、逐渐展开的过程。我们要把总体目标分解为若干个长期（5~10年）目标，长期目标继续分解为若干个中期（3~5年）目标，中期目标要继续分解为短期（1~2年）目标。总体目标、长期目标为人生指明了方向，中、短期目标是实现长期目标的保证。特别是在职业生涯发展过程中，通过短期目标的达成，能体会到实现目标的成就感和乐趣，不断鼓舞自己向着更高的目标前进。但是，只有短期目标，看不到远大的理想，也会影响奋斗的激励作用，还会使事业发展摇摆不定，甚至偏离发展方向。因此，确定职业生涯目标时应该长短结合。

5. 同一时期目标不宜多的原则

就职业目标而论，同一时期目标不宜多，而应集中在一个方面。目标是追求的对象，有谁见过同时追逐五只兔子的猎手？这不是说不能设立多个目标，而是可以把它们分开设置。具体来说，就是一个时期一个目标，拉开时间差距，实现一个目标后，再实现另一个目标。

6. 明确而具体的原则

目标明确是指目标要有量化的标准，如时间：用三年完成还是五年完成；程度：如通过计算机二级还是一级等。量化便于评估目标的完成情况，也便于有针对性地制订相应的措施。

目标具体是指要确定目标的范围，使其可产生行为导向作用。比如，"我要成为一个优秀的人"不是一个具体的目标；但"我要完成本月1000万的销售量"就算得上是一个具体的目标了。

7. 目标幅度不宜过宽的原则

一般来说，专业面越窄，所需要的精力和时间就相对较少。所以，职业生涯目标的专业面不要过宽，最好是先选择一个窄一点的范围，把全部身心力量投放进去，则比较容易取得成功。但是，如果你认为专业面一定要放宽，那么起码在开始的时候要把专业面或主攻点定得较窄些。待取得一定的成就、积累一些经验后，再扩大专业面，这样更容易成功。

8. 要留有余地的原则

在实现目标的时间安排上，不要过急、过满或过死。如果过急，就会"欲速则不达"，不是计划落空，就是影响工作质量；如果安排过满，在同一时间里既要做这个，又要做那个，结果会顾此失彼，造成心理紧张，劳累过度，而无法坚持到底；如果安排过死，如规定某一时间只能做某事，到时如果遇到某些干扰无法完成，又没有补做，就必然会落空，心理上也会失落。

要留有余地，就是要留有机动的时间，即便发生某些意外，也有时间和精力机动处理。实现目标的时间安排要从实际情况出发，不慌不忙，不急不躁，不要刻板，要灵活机动。在要求不变的情况下，完成时间和做法完全可以调整变换。

职业规划案例

目标对人生的影响

哈佛大学有一个非常著名的关于目标对人生影响的跟踪调查。调查的对象是一群智力、学历、环境等条件差不多的年轻人。

调查结果发现：27%的人没有目标；60%的人目标模糊；10%的人有清晰但比较短期的目标；3%的人有清晰且长期的目标。

25年后的跟踪研究结果显示，他们的状况及分布现象十分有意思：

那些3%有清晰且长期目标的人，25年来几乎都不曾更改过自己的人生目标。25年来他们都朝着同一方向不懈地努力，25年后，他们几乎都成了社会各界的顶尖成功人士，他们中不乏白手创业者、行业领袖、社会精英。

那些10%有清晰短期目标者，大都在社会的中上层，他们的共同特点是，短期目标不断被达成，状态稳步上升，成为各行各业的不可或缺的专业人士，如医生、律师、工程师、高级主管等。

而那些占60%的模糊目标者，几乎都在社会的中下层面，他们能安稳地工作，但都没有什么特别的成绩。

剩下的27%是那些25年来都没有目标的人群，他们几乎都在社会的最底层，他们都过得不如意，常常失业，靠社会救济，并且常常都在抱怨他人，抱怨社会，抱怨世界。

资料来源：百度文库

启智润心

哈佛大学的调查表明，要想成为有所作为的人，就必须有目标。没有目标，生活就会像无头苍蝇，毫无期盼，也就没有生活的动力，也就难以获得理想的职业发展。

（四）明确职业生涯路线

职业生涯路线指一个人选定职业后选择从什么途径去实现自己的职业目标。发展路线不同，对个人的要求也不一样，即使在同一个职业，也分为不同的岗位，有的人适合行政工作，可以向这个方向努力，从而成为一名优秀的管理者；有的人适合做研究，专心钻研的话可以在技术或学术上有重大突破；有的人适合经营，可以遨游商海。如果一个人错误地选择了与自身不相符合的职业生涯路线，那么，在他的职业生涯中必定遭遇许多坎坷，能否成功也是一个很大的问题。

典型的职业生涯路线是一个"V"字形图。假定你 21 岁大学毕业，即"V"形图的起点为 21 岁，那么，从这个起点开始，你有两条路线可以选择，"V"字形图的两侧分别为行政管理路线和专业技术路线。每条路线都可以划分为许多等级，可以作为自己职业生涯的参考目标。当然，人的选择不可能"从一而终"，中间也许会有变动，但无论如何选择，均应朝向自己的职业生涯目标。例如，你可以把你的职业生涯路线设计如下：在学校学习技术与管理知识—在政府部门锻炼自己的人际交往能力—到大公司担任中层管理员—到小公司担任高层管理员—成为大公司的高层管理员。

具体来说，选择路线应把握四条原则：择己所爱，择己所能，择世所需，并在保证了前三个原则的基础上，追求就业收益最大化，择己所利。在此基础上，考虑以下三个问题：

（1）我想往哪一路线发展？

（2）我能往哪一路线发展？

（3）我可以往哪一路线发展？

对以上三个问题，进行综合分析，以此确定自己的最佳职业生涯路线。

（五）制定行动计划与措施

这里所指的行动主要指落实目标的具体措施，主要包括教育、培训、实践等方面的措施。例如，在职业素质方面，你计划学习哪些知识，掌握哪些技能，开发哪些潜能，你将采取怎样的措施？计划用多长时间达到目标？这些计划要特别具体、可行性强，以便于定时检查。一旦有了明确的计划和措施之后，就要按照各个阶段的目标，拟定执行步骤并付诸实施。

（六）反馈与修正

由于社会环境的变化及其他不确定因素的存在，我们原来的职业生涯规划与实际情况肯定会存在一定的偏差。尤其在现代职业领域，只有变化才是永恒的主题。影响职业生涯规划的因素很多。有的变化因素是可以预测的，而有些则是难以预料的。这就需要我们对职业生涯目标和生涯规划进行必要的调整。此时，职业生涯的评估和反馈会给我们带来收获。评估与反馈过程是个人对自己不断认识的过程，也是对社会不断认识的过程，是使职业生涯更加有效的手段。

对职业生涯规划的评估与反馈主要包括职业的重新选择、职业生涯路线的重新选择、人生目标的修正、实施措施与计划的变更等。

1. 评估

为了确保规划的可行性和有效性，必须随时对生涯规划的内容和成效加以评估。此外，在实施的过程中，也会发现当初做规划时未曾想到的问题与执行时的困难。为保证生涯规划的效果，在每实施一段时间后，有必要对计划执行的方法作一下评估。

2. 反馈与修订计划

实施生涯规划时，必须为日后可能的计划修改预留余地，修订的依据是每次成效评估后反馈回来的信息。

职业规划案例

张毅的成功经验

张毅在大学并没有选择与商业有关的贸易专业，而是选择了工科中最基础、最普通的专业——机械制造专业。他的父亲认为，要想做一个好的商人，单纯的商业管理知识是绝对不够的，必须具备一定的专业知识。而在大型商业贸易中，工业商品占多数，如果不了解产品的性能、生产制造情况，很难保证或者控制生产及销售过程。与此同时，工科学习不仅能够培养知识技能，还能帮助建立一套严谨求实的思维方式及脚踏实地的工作态度，这些素质都是一个成功商人应该具备的条件。张毅就这样在某著名理工学院度过了4年。在这4年中，他没有拘泥于本专业，还广泛接触了化工、建筑、电子等方面的基本知识，这些知识在他后来的商业活动中都发挥了不可忽视的作用。

大学毕业后，张毅又考入一所综合性大学攻读经济学硕士学位。因为他深知现代商业无论在程序、规则还是内容等方面都相当复杂，都有一套规律与特征。这需要专门的了解，而不能等到涉足商界后再谈。如果不了解经济规律，不学习经济学的常识，就无法进行商业活动，商业盈利更是无从谈起。在这3年中，他系统地学习了经济学的基本知识，搞清了影响商业活动的众多因素，并学习了相关法律知识、管理知识和财务知识。这样，他在知识上完全具备了经商的素质。

拿到硕士学位后，张毅以为自己可以在商界大展身手。出乎意料的是，他的父亲让他到政府部门工作。对此，他父亲的解释是，经商最重要的是与人交往的能力。在政府部门工作，一方面可以锻炼这方面的能力，另一方面还可以拓宽交往范围，为以后的商业运作打下基础。于是，带着这个任务，张毅在政府做了5年的公务员。在这5年中，他仔细观察、细心揣摩，终于成长为一名老成、世故、不动声色的人。在环境的影响和自我锻炼下，张毅树立起强烈的自我保护意识。与此同时，他还有目的地结识各界人士，建立起广阔的关系网络。这个网络后来为他提供了丰富的信息及大量的便利条件。

结束了5年的政府工作，张毅又在父亲的引荐下到一家公司工作。在这家公司，他的目的就是熟悉商务活动，学习如何进行业务来往。两年后，他认为自己已经掌握了经商的技巧及所有环节，于是，他从这家公司辞职，创办了自己的商贸公司。自此以后，张毅终于开始了他渴望已久的商业生涯，正式实施自己多年前的计划。由于他具备充分的商业头脑、人际关系、生产经验，公司飞速发展。在公司成立20年后，也就是当张毅还是壮年时，公司的资产已由最初的200万发展到2亿，成为经济史上的传奇。

当张毅成为世界传奇时，他对记者说，他之所以有今天，应该感谢他的父亲为他制订了一个完美的职业生涯发展计划，这个方案最终使他功成名就。

资料来源：搜狐网

启智润心

张毅的成功经验告诉我们，一份符合自身实际情况的职业生涯规划对一个人的职业发展至关重要。他的成功不仅是因为他的父亲为他制订了一个完美的职业生涯目标，更重要的是他本人能在不同时期参照目标合理实施，每一次都能准确地评估自己的每一行为的进展，通过他自己不懈的努力，一步步前进，终于变理想为现实。

拓展阅读

大学生职业生涯规划的常见误区

1. 忽视职业生涯规划

在校大学生缺乏职业生涯规划意识的现象比较普遍，了解职业生涯规划的大学生为数不多。除个别学生有明确的就业打算外，相当一部分学生都觉得在目前就业十分困难的情况下，工作应"随行入市"，认为职业生涯规划不现实。

2. 把职业生涯规划等同于职业选择

职业生涯规划是一个周而复始的连续过程，其过程包括确定志向、自我评估、生涯机会评估、职业选择、职业生涯路线选择、确定目标、制订行动计划、评估与反馈等步骤；而职业选择，只是其中的一个环节。

3. 在职业生涯规划目标与路径选择上急功近利

由于就业压力变大，有的同学一进大学就准备深造，很少考虑工作，社会活动也不想参加，怕影响学习；有的同学为增加求职砝码盲目考证或参加培训；有的同学以高收入作为判断职业好坏的唯一标准，职业生涯规划过于功利。

4. 认为职业规划为时过早

部分大学生认为还没有工作，没必要进行职业规划。他们不了解大学阶段的学习成长对职业能力的形成起着至关重要的作用，不了解大学阶段是职业价值观形成、职业素质与能力准备、职业习惯养成等"内职业生涯"形成的关键时期。

5. 职业生涯多变，无需规划

大学生处于职业生涯探索与确立阶段，有较强的可塑性，部分大学生认为计划赶不上变化，无需规划或规划不起作用。殊不知，在职业生涯探索、确立阶段，职业探索和职业目标确立是一个动态的过程，只有通过这个过程才可能明确自己的职业发展愿景，做出科学的就业选择。

探索活动

课堂讨论

活动目的：

让学生了解职业生涯规划，认识职业生涯规划的重要性。

活动说明：

（1）形式：分小组讨论，发表意见。

（2）时间：15～20 分钟。

（3）地点：教室。

（4）主题：大学生需要在毕业之前做好职业生涯规划吗？

活动内容：

（1）分组。5～8 人一组，设组长一名，记录员一名。组长明确讨论主题和方向。

（2）组内讨论。组员依次发言，每人发言时间不超过 2 分钟。记录员控制发言时间并记录发言内容。

（3）发言完毕后，组长与组员在记录的基础上讨论，得出简要结论。

（4）各组组长在课堂上陈述自己小组的结论，并作简要解释。

（5）教师组织全班学生对讨论过程中产生的焦点问题进行进一步讨论。

活动检测：

活动结束后，教师可根据表 2-1 进行评分。

表 2-1　探索活动评价表

评分标准	分值	实际得分	备注
积极参与讨论	25		
所持观点明确，论据充分	25		
思路清晰，语言表述流畅	25		
其他	25		
总分	100		

能力训练

课后小调查

以小组为单位进行一次调查活动，调查对象为本专业已毕业工作的校友，调查内容为职业生涯规划的制定情况及影响。

活动目的：

通过调查更加深入地认识职业生涯规划的重要性。

活动流程：

（1）分组。每 6 人一组，设组长一名。

（2）组长组织小组成员讨论并确定需要提出的问题。

（3）小组成员每 2 人一组，联系调查对象，记录调查结果。

（4）根据调查结果，进行小组讨论。

第二节　撰写职业生涯规划书

案例导入

没有职业方向的烦恼

　　财务管理专业毕业的小丽是一个有着三年多工作经验的女生，先后在某外企和某餐饮企业做客户工作，然而现在的她满脸疲惫和郁闷。她说："我已经失业四个月了，真烦人。四年前，我大学毕业，学的是财务管理，但我不喜欢，更不想以此为职业。我英语很好，学校社团的工作经验让我具备了很强的沟通交际能力。毕业后，顺利通过三轮面试，成为一家外企的总经理助理，工资水平属于同学中的佼佼者，大家都很羡慕我，但只有我自己知道我的工作很无聊。每天都有处理不完的琐事，感觉自己根本不会有什么出路，更不会学到新东西。"于是，在一年合同期满的时候，小丽毅然离开了那里。不久，小丽在报纸上看到一家刚刚进入中国的跨国餐饮集团在招聘人员，觉得很新鲜，就去试试，结果被安排到门市部工作，直接接触客户，这个工作小丽一干就是两年多。

　　可是，小丽逐渐发现，由于接触的客人大多层次不高，让人觉得自己的档次也下降了不少。而且，这个企业人际关系复杂，自己没有背景，要想升职几乎是不可能的。辞职，再一次摆在她的面前。在仔细考虑了一段时间后，小丽认为她绝对能找到更好的机会，于是，她又一次坚决地辞职了。她给自己放了三个月的长假，以调整好心态和身体，继续寻找新的工作。

　　然而，四个月过去了，她邮寄的简历超过了 70 份，也在各大网站上发了求职信，甚至不提及工资待遇。然而让她意想不到的是，她只得到了几个回复，并在简单的一轮、二轮面试之后，就没有了下文。

　　小丽很苦恼，她说："我也知道自己没有什么显赫的学历和职业背景，我也不希望自己马上成为高薪一族，但我就是不明白，以我现在的情况，以我这几年还算丰富的经验，我怎么就找不到一个普通的工作呢？"

问题与思考：

（1）小丽的问题出在哪里？

（2）如果你是小丽，应该如何规划自己的职业生涯？

知识
学习

一、职业生涯规划书的基本类型

职业生涯规划作为个人发展计划，具有鲜明的个性，在写作上没有统一的格式，只要能反映职业生涯规划的内容、符合自身要求就可以了。职业生涯规划书的类型主要有文本式、表格式和档案式等三种。

（一）文本式

文本式职业生涯规划书没有固定的模板，具有创作的空间，其规划的依据：一是要让自己信服，二是要有可执行性。一般情况下，文本式规划书要包括职业理想、自我认识、职业及环境认识、职业目标、实施方案及可能遇到障碍的对策等内容。这种职业生涯规划书能对个人的职业生涯做出详细、完整、全面的分析与阐述。

（二）表格式

表格式职业生涯规划书主要包括两部分，即表头和规划内容栏（参见表2-2）。表头是规划人的基本信息，内容栏以呈现目标和实施要点为主，内容不是固定不变的，可以根据个人情况进行调整。这种规划书是不完整的，它只是相当于一份完整的职业规划书的方案实施部分，它仅有最简单的目标、分段实现时间、职业生涯机会评估和发展策略等几个部分，适合日常使用。

（三）档案式

档案式职业生涯规划书由多个表格和文本式规划书组成，它可以把职业生涯规划的制订过程真实而详细地记录下来，是一种具有史料性质的生涯规划书，主要包括曾经的职业理想、高考选择分析、性格认识、兴趣探索、优势技能分析、价值观澄清、专业与职业关系分析、职业分析与职业体验、咨询与总结、生涯选择与职业决策、职业发展规划等内容。规划档案的任何一部分都可以根据内容而扩展，职业发展规划部分可以按学期制订。一份完整的职业生涯规划档案就是一个人成长的历程。

表 2-2　表格式职业生涯规划书

姓　名		性　别	
年　龄		学　历	
所学专业			
职业选择		流动意向	

人生目标： 　岗位目标： 　职务（职称、技术等级）目标： 　收入目标： 　社会影响目标： 　重大成果目标： 　其他目标： 人生观简要文字说明： 实现人生目标的战略要点：
长期目标： 　岗位目标： 　职务（职称、技术等级）目标： 　收入目标： 　社会影响目标： 　重大成果目标： 　其他目标： 人生观简要文字说明： 实现长期目标的战略要点：
中期目标（通常在 2 年以上）： 　岗位目标： 　学习（成绩）目标： 　能力目标： 　资格目标： 　就业目标： 实现中期目标的战略要点：
短期目标（通常在 1 年以上）： 　岗位目标： 　学习（成绩）目标： 　能力目标： 　资格目标： 短期内完成的主要任务及拟采取的措施： 可能出现的意外和应急措施： 年度目标及年度计划的细节通常另行安排，以保持生涯计划的相对稳定性和可保存性。
职业生涯规划人（签字）： 　　　　　　　　　　　职业生涯规划日期：　　年　　月　　日

二、职业生涯规划书的基本内容

职业生涯规划书是对职业生涯规划的书面化呈现，不仅能呈现大学生的宏观职业生涯规划，还能对具体的学习和工作起到指导及鞭策作用。大学生职业生涯规划书的基本内容主要包括以下几项。

（1）扉页：包括题目、目录、姓名及基本情况介绍、年限、起止日期、电子邮件地址等。

（2）前言：包括对目的、目标的认识及制订职业生涯规划的意义等。

（3）职业方向及总体目标。

（4）自我分析：对家庭因素、学校因素、自身条件及性格、潜力等的测评结果。

（5）社会环境分析结果：包括对政治环境、经济环境、法律环境、职业环境的分析。

（6）目标定位及目标的分解和组合：发展策略、发展路径。

（7）成功的标准。

（8）差距：即自身现实状况与要实现的目标之间的差距。

（9）缩小差距的方法及实施计划和方案。

（10）评估调整预测：评估的内容、评估的时间、规划调整的原则。

三、撰写职业生涯规划书的基本要求

（一）完整性

完整性要求职业生涯规划书涉及的资料翔实，步骤齐全。收集资料有多种途径，可以通过访谈、从报刊图书中摘抄、上网下载等方式，要尽可能注明资料的出处，并多运用图表数据来说明问题，以提高资料来源的可信度和说服力。

大学生职业生涯
规划书怎么写

（二）全面性

论证有据，分析到位。要了解有关的测评理论及知识，认真审视并思考自己的测评报告并对照自我认识与测评结果的异同，分析与测评结果形成差距的原因，从而确定自我评估结果，达到"知己"；要理清自己所处的地理环境，包括居住的地方、喜欢的地方、亲朋的意见等；明确自己最大的兴趣、最喜欢与之共事的人的类型、最重视的价值与目标、最喜欢的工作条件，再通过目前环境评估（社会影响、家庭影响、学校因素、就业形势等）和当前社会环境分析（组织环境分析、技术的发展、经济的兴衰、政策法规的影响等）来确定自己的职业方向，做到说理有据，层层深入。

（三）逻辑性

言简意赅、结构紧凑，重点突出、逻辑严密。语言朴实简洁，用词精练准确，行文流畅，条理清楚，这是最基本的写作要求。撰写时还应密切注意整篇文章的结构和重心所在。

职业生涯规划书一般包含对职业规划的认识、对自我的剖析、对所学专业的认识、对职业方向的探索，以及确定目标并制订计划这 5 个方面的内容。

在对这些内容进行分析阐述时，必须紧紧围绕职业目标这条主线来展开，从而体现文章论述的逻辑性和连贯性。要将重点放在自我评估、环境评估、目标实施上。职业生涯规划是自己将来的规划，这个规划只有建立在对自我和职业的充分认识的基础上才能体现出它的科学性和可行性。

（四）可操作性

目标明确，合理适中。撰写职业生涯规划书应围绕论述的中心展开，职业生涯目标不能过于理想化，应"择己所爱""择己所长""择世所需""择己所利"。职业生涯规划书撰写是否成功，在很大程度上取决于有无正确适当、切实可行的目标。

（五）匹配性

分解合理，组合科学，措施具体。目标分解、实现路径选择要有理论依据，而且备用路径之间要有内在联系性。目标组合要注意时间上的并进、连续，功能上的因果、互补作用，全方位的组合要涵盖职业生涯、家庭生活、个人事务等方面。

（六）创新性

职业生涯规划因人而异，具有明显的个人特性，所以在写作时，要求每一个人应该规划自己的内容，要求有创新性。

拓展阅读

李××的职业生涯规划书

一、前言

职业，指的是一个人所从事的以之取得主要生活经济来源的工作。一个人要想在社会上独立谋生，就必须要取得一份职业。在这个人才竞争激烈的时代，找到一份称心如意的工作不是一件容易的事情。必须对自己的职业生涯做出详细而合适的规划，才能在夺取职业制高点的战役中立于不败之地。

二、职业方向

导游、旅游计调、旅游顾问。

三、自我分析

1. 出生背景

我来自中国靠东南沿海的一个小城市。虽然家乡的经济不是很发达，但由于紧邻沿海省份，还是感觉到了改革开放给中国带来的巨大影响。家里的条件在小县城里来说还算过得去，所以在小时候并没有吃过多少苦。

2. 性格与能力

本人性格活泼开朗，善于与人交谈，业余爱好丰富，做事认真踏实、有始有终，

并且具有一种不服输的精神。

此外，我虽然平时做事经常丢三落四，但在关键时刻绝不会掉链子。我喜欢帮助周围的人，而且不会过于计较得失，能够把目光放长远。

四、职业环境分析

我的专业是旅游管理，这一专业是随着我国旅游经济的发展、旅游产业的兴盛而建立的一个新型学科。在我国，这门学科经过 20 多年的发展，已成为工商管理学科体系中的一个重要的学科部门，旨在培养具有旅游管理专业知识，能在各级旅游行政管理部门和旅游企、事业单位从事旅游管理工作的高级专门人才。

1. 就业方向

旅游管理专业的毕业生可从事旅游行政管理部门、旅行社、旅游景区、旅游咨询公司、旅游电子商务企业、旅游规划策划机构、主题公园的旅游经济管理和企业管理工作，也可以自主创业。

2. 就业前景

根据世界旅游组织的统计，目前旅游业已经成为世界最大的新兴产业之一，且其规模还在不断增长。根据世界旅游组织的预测，到 2020 年，中国将成为世界第一大旅游目的地。因此，我国对旅游管理人才需求有很大的缺口。

3. 职业要求

一般来讲，很多企业都对旅游管理人员提出了如下要求。

（1）具有从事旅游服务的基本知识及职业道德，熟悉相关的法律法规；具有较强的服务意识，礼貌待客，诚实守信，吃苦耐劳。

（2）了解旅游服务部门主要岗位的服务流程及用语，能提供恰当的接待服务。

（3）具备主要岗位的服务技能，具有较强的应变能力；具有在服务岗位使用外语与客人交流、沟通的能力。

（4）具备使用、维护及保养基本设施设备的知识与能力，能较娴熟地利用计算机网络技术进行业务沟通和规范服务。

（5）具有团队合作意识，协调人际关系的能力；具有继续学习，应用新技术和适应职业变化的能力；具有自我创新，勇于创业的能力。

五、未来 3 年的计划

根据我自己的性格特点和旅游管理职位的要求，对于未来的 3 年，我给自己制订了如下计划。

1. 培养就业能力

学好专业课程，选修诸如沟通技巧、演讲与口才之类的课程，适度参加一些社团活动，以使自己既具备扎实的专业知识，又强化了自己的语言表达能力和沟通能力。

2. 考一些必要的证书

（1）英语四、六级和计算机一二级。这两种证书是未来求职必备的"硬件"。

（2）导游证。这个证书对于我们专业来说很重要，它是我们找工作时的重要砝码。

3. 去企业实习

在企业能学到学校和课本里不能学到的知识，也可以帮助自己在毕业后快速融入社会。

探索活动

寻找人生目标——"六步游戏"

活动目的：

明确自身的人生目标，为职业生涯规划确定方向。

活动内容：

以下是国外学者经过反复探讨而得到的一个寻找人生目标的方法，称为"六步游戏"。现在就让我们通过"六步游戏"来找到自己的人生目标。

游戏道具：4～5 张小纸片。

环境要求：安静舒适。

情绪状态：精神饱满，情绪激昂，思维活跃。

注意：在考虑目标时，应尽量全面，避免仅从一个方面考虑（如仅考虑事业）。

第一步，寻找终生目标。

拿出一张纸片，写下第一个问题：我的终生目标是什么？然后用 2 分钟写下答案，要遵从内心的想法，想的是什么就写下什么。再花 2 分钟进行必要的修改。

如果你无法直接确立人生目标，可以回想一下你童年、少年时的梦想，或者那些令你最开心的事，以此作为启发，再写下你的答案。

第二步，思考如何度过今后三年。

请在第二张纸片上，写下第二个问题："我该怎样度过今后三年？"用 2 分钟尽快写下答案，再用 2 分钟把忽视的项目补充在第二张纸片上，所写的内容要比第一张纸片具体。这里的具体是指所做的工作要具体。例如，第一张纸上你写了要过幸福的生活，那么在这张纸上你就要将它分解为较具体、细致的目标。

第三步，半年内最重要的事。

在第三张纸上写下第三个问题："我在这半年内应该做哪些事？哪些工作对我最重要？"这张纸片所罗列的内容，应该比第二张纸更具体、细致、全面，是自己需要也是能够立刻做的。

第四步，浏览前三步。

浏览一下前三步的答案，你应该发现，第二步的答案就是第一步答案的延伸，第三步是前两步答案的继续。如果你的三步答案不具备这种逻辑，就需要重新做，务必使答案符合事物的发展逻辑。

第五步，目标分类。

请把三张纸片都拿起来，对上面的目标进行归类，如分为事业目标、爱好特长目标、婚恋目标、社会友情目标、身心素质目标、读书目标等。

第六步，确立不同时期的目标。

请按类别关系，将三张纸片上的目标按同类关系及同性质的关系连成一条线，这样就形成了你的短期、中期、长期目标。然后，结合自己的个人情况，根据短期目标制订切实可行的月计划、周计划、日计划。下一级计划的制定都应该是服务于上一级计划的，例如，制订周计划是为了完成月计划，制订日计划是为了完成周计划。当短期目标实现后，再向下一个目标前进。

活动检测：

活动结束后，教师可根据表 2-3 进行评分。

表 2-3　探索活动评价表

评分标准	分值	实际得分	备注
严格按照步骤完成活动	25		
所列目标符合自身实际情况	25		
所订计划符合实际，并能够完成计划	25		
积极参与活动	25		
总分	100		

能力训练

完成自己的职业生涯规划书

根据自身的实际情况，为自己制定一份职业生涯规划，并撰写职业生涯规划书，为踏入竞争激烈的社会做好准备。

第 三 章

认识就业市场

知 识 目 标

➢ 了解影响大学生就业的因素，了解大学生就业难的原因。
➢ 掌握就业观的概念，了解影响大学生就业观的因素。
➢ 掌握培养和提升就业能力的方法。

能 力 目 标

➢ 能够正确认识当前就业形势。
➢ 能够主动了解所学专业的就业前景。
➢ 能够不断提高自己的就业能力。

素 质 目 标

➢ 树立正确的就业观。
➢ 保持积极乐观的就业心态。
➢ 自觉培养创业意识。

第一节 认清就业形势

案例导入

2018 年就业形势新变化

数据显示，2018 年，我国城镇新增就业达到 1 361 万人，同比增加 10 万人，连续 6 年超过 1 300 万人。同时，2018 年 12 月份的调查失业率为 4.9%，年末城镇登记失业率为 3.8%，均处在近年来的低位水平。

就业能够保持稳定，稳中向好的经济基本面功不可没。2018 年，我国经济结构不断优化，质量效益稳步提升，对扩大就业、稳定就业、提高就业质量形成了有力拉动。

从就业结构看，服务业吸纳就业的能力进一步增强。据国家统计局初步核算，2018 年服务业增加值占 GDP 的比重达到 52.2%，比上年提高 0.3 个百分点。劳动密集程度更高的第三产业，吸纳就业能力更强，这意味着现在吸纳同样数量的就业，不再需要过去那样的高增速，但发展的质量和效益更显可贵。

从就业区域看，"东方不亮西方亮"的特点也愈加明显。2018 年以来，中西部地区充分发挥资源丰富、要素成本低、市场潜力大的优势，逐渐成为我国就业增长新的支撑点。伴随国内外产业梯度转移和升级，中西部地区吸纳岗位的能力越来越强，有力支撑了就业增长。

2018 年，我国实现就业形势的总体平稳、稳中有进，但这并不意味着就可以高枕无忧了。当前，我国经济运行呈现稳中有变、变中有忧的特点，外部环境也日趋复杂严峻。我们依然是世界上人口和劳动力最多的发展中国家，解决就业问题具有长期性、艰巨性和复杂性等特点。

资料来源：中国政府网

问题与思考：

（1）你关注过我国当前的就业形势吗？

（2）你了解自己所学专业的就业形势吗？

知识学习

一、大学生面临的就业形势

我国高校自 1999 年实施扩招以来，高校毕业生数量逐年增长。数据显示，2022 年普通高校毕业生人数共计 1 076 万人，预计 2023 年将达 1 158 万人，再创历史新高，大学生就业面临复杂严峻的形势。

高校毕业生就业水平与往年持平

为了给高校毕业生营造宽松的就业环境，促进高校毕业生多渠道就业，各级政府部门坚持把高校毕业生就业摆在就业工作首位，不断丰富和完善更加积极的就业政策，提供全方位的公共就业服务，给予高校毕业生与用人单位更多双向选择的机会，为毕业生就业提供了便利条件和切实保障。得益于我国经济持续发展，得益于改革持续释放红利，得益于就业政策不断完善，得益于就业服务体系持续健全，长期困扰高校毕业生的就业总量性矛盾得到一定程度缓解。根据《就业蓝皮书：2022 年中国大学生就业报告》的数据，2021 届高职毕业生毕业半年后的就业率为 90.9%，近五年趋于平稳；待就业的比例整体稳定，近五年保持在 8% 左右。

但这并不意味着高校毕业生就业形势一片大好了。实践表明，结构性失业和摩擦性失业在任何情况下都会存在，有业难就和无业可就在任何条件下都会存在，如何在国内外复杂多变的经济形势下，以更大力度拓展高质量发展的空间，放大改革创新示范效应和带动作用，促进经济持续稳定发展，进而促进高校毕业生就业形势稳中向好，依然面临着不少困难和挑战。

二、影响大学生就业的因素

（一）毕业生供给与岗位需求

当前，我国经济发展进入一个新常态，社会对高校毕业生的需求处于相对稳定的阶段，高校毕业生供给增长的速度与经济增长速度不匹配，劳动力市场在短时间内难以吸纳全部高校毕业生就业。

（二）经济发展与结构调整

在供大于求的前提下，就业问题宏观上只有通过大幅度增加岗位来解决。而就业岗位的增长幅度与经济增长的幅度密切相关。当经济快速健康增长时，就业岗位相应增加；反之，岗位就会减少。改革开放 40 年来，我国国民经济快速发展，为社会提供了大量的就业机会。然而，由于产业结构发展的不平衡和经济结构的变动，劳动力的供给结构与经济结构不相适应，导致了高校毕业生就业难的现状。

（三）就业区域选择偏好

我国地域广阔、人口分布不均，各地区经济发展不均衡，人才需求显现出一定的地区差异。经济欠发达地区特别是中西部地区，很难对大学生形成吸引力。尽管在国家实施西部大开发、中部崛起战略以来，这种情况有所好转，但是仍存在人才供求矛盾。

（四）高等教育的人才培养机制

高等教育是按照专业门类来培养学生适应职业需要的基本素质和能力的过程，通过公共基础课、专业基础课、专业核心课、专业拓展课的教学活动和其他教育活动，使学生达到能够解决该专业一定问题的理论、技术和能力水平，从而形成适应某类或某种职业需要的专业特长。也就是说，大学生所受的专业教育直接制约着其职业的适应范围，进而在很大程度上影响就业。

（五）高校毕业生的就业能力

高校毕业生的就业能力是影响个人就业的根本因素，包括高校毕业生所拥有的专业知识、实践技能、就业态度、择业技巧等。毕业生如果基于职业发展和用人单位的需要积累就业能力，则更容易在就业市场中找到合适的位置。

（六）高校毕业生的就业观念

高校毕业生的就业观念是指大学生在对未来职业的认知、评价和工作岗位的初步体验的基础上，从而形成的一种较为固定的看法和态度。

就业观念对大学生就业具有导向和动力作用，它支配着大学生对择业目标的期望定位和选择，支配着择业行为。正确的就业观念能够指导大学生对自己进行正确的评价、合理的定位，并做出理性的选择。反之，错误的就业观念将使毕业生对就业产生过高或过低的期望，影响准确定位和选择。

（七）就业信息的传播

目前毕业生就业市场日趋完善，各级政府、人才机构及高等学校初步建立了人才交流平台，但是人才需求预测机制尚需完善，社会对高校毕业生的需求信息存在着一定程度的"失真、失控、失责"问题，社会上的毕业生供需信息交流不足，渠道不通畅，信息不对称等问题仍然存在。

三、大学生就业难的原因分析

高校毕业生的就业行为是一种社会行为，关系到大学生人生社会价值的实现、家庭教育投资的收益，也关系到高等教育的可持续发展、人力资源的投入分配，关系到社会发展的方方面面，吸引着政府、社会、学校、家庭、个人等多方面的视线。当前大学生就业难的原因既有来自社会环境、学校教育的客观原因，又有来自大学生个体的主观原因。

（一）客观原因

1．毕业生数量大幅增长

全社会大学生总量的不断增加与需求的相对不足既是大学生就业所面临的严峻形势，也是大学生就业难的首要原因。我国高校进入大规模的扩招以后，高校毕业生人数连年攀升，高校毕业生人数的激增期与全国就业高峰期重叠，使得高校毕业生供需矛盾更加突出。

2．产业结构不合理

产业结构不合理是造成大学生就业结构性矛盾突出的根本原因。从我国的产业结构看，过去我国的产业政策主要是发展劳动、资源为基础的传统产业，劳动密集型的低端制造业、资本密集型的重化工业发展迅速，而像先进制造业、现代服务业等能够大量吸纳高层次人才（即大学生）的知识、人才密集型产业发育明显不足。今后在我国产业结构由劳动密集型向知识密集型、高端服务型转型的时期，社会对高层次人才的需求不会出现爆发式的增长，结构性矛盾仍然存在。

3．空间结构失衡

从区域发展情况看，我国的经济社会发展在区域层面存在严重的不平衡。东部发达地区生活环境比较好、经济回报也比较高，而广大的中西部欠发达地区工作环境和生活条件都比较艰苦，经济回报也相对较低。因此，大学毕业生更青睐于到东部发达地区就业，而中西部欠发达地区就出现了"门前冷落鞍马稀"的景象。

从城乡发展情况看，目前我国劳动力市场从地域上可划分为城市劳动力市场和农村劳动力市场。城市劳动力市场的招工就业待遇比农村劳动力市场的招工就业待遇要好很多：不仅收入高、劳动条件好，而且机遇多、社会地位高。所以，大学生一般都选择城市，而鲜少问津农村劳动力市场。

课堂讨论

你有想到"北上广"等大城市工作的想法吗？为什么？

4．人才培养与市场需求脱节

有调查表明，我国近年来的人才市场供给需求情况是，有关技术岗位的劳动力呈现供不应求的局面，如机械加工为主的技术、技能型人才短缺，备受市场青睐。

（二）主观原因

1．大学生择业期望值过高

择业期望值过高是一直困扰毕业生顺利就业的一个主要问题。不少学生在择业过程中存在自身价值定位和择业期望值过高的现象，把事业单位、国有企业、外资企业等作为理想的择业目标；强调自身价值而忽视社会需要，一味追求个人利益，重地位、重名誉，轻事业、轻奉献，缺少艰苦奋斗的精神和强烈的责任感；"这山望着那山高"，以致后来处于"高不成、低不就"的尴尬局面，错失就业机会。

求职就业案例

期望值过高致难就业

毕业生王某来自云南省罗平县，直到毕业前还未落实工作单位。朋友去参加国家医药管理局的供需见面协调会，顺便将他的应聘材料带去。刚好有一家制药厂有意录用他，一方面专业对口，另一方面又是在家乡，然而他本人择业意向的单位地点必须在昆明市，至于到昆明的什么单位、具体做什么工作都无关紧要。除此以外，任何单位都不考虑。在这种心态下，他自然难以如愿。

资料来源：豆丁网

启智润心

王某的思想在当前毕业生的择业过程中具有一定的代表性。不少毕业生过于向往经济发达地区，尤其是沿海地区的中心城市，最低的期望也是回自己家乡所在的中心城市。他们只注重那些城市经济文化发达、工作环境优越的一面，却忽视了人才济济、相对过剩的一面，择业期望值居高不下，从而导致了主观愿望与现实需求之间的巨大反差。

2. 缺乏拓宽知识面的主观能动性

现在已经进入知识经济时代，在大学学到的专业知识早已远远不够用。因此，大学生要在掌握专业知识的同时，不断扩展知识面，如参加选修课学习、素质拓展训练等，也可以通过网络课程学习、技能培训、顶岗实习、社会实践等途径来扩充知识，提高能力。

3. 就业观念陈旧

近几年来，大学生在就业方面的思想观念发生了很大变化，但还有一部分学生就业观念滞后、理想与现实错位，择业观与现实性存在着矛盾，直接影响到就业。例如，缺乏正确的自我认知，对社会生活的估计往往过于简单或片面。如果就业观念不转变，大学生就业难的问题很难有根本的改善。

拓展阅读

心态、观念、行为——哈佛大学校长的就业三法则

哈佛大学校长德雷科·鲍克提出了"新世纪择业的三条法则。"

一、心态法则

每位求职者都希望找到一个既能发挥自己特长、待遇又很好的工作。然而在实际择业的过程中，这样两全其美的好事确实很难如愿。这其中的原因主要有以下几种：

（1）"小毛驴的犹豫"。许多人在择业时都会存在"小毛驴的犹豫"。一头小毛驴在干枯的草原上好不容易找到了两堆草，但是一再迟疑，不知道吃哪堆草更好，结果被活

活饿死了。这个故事就告诫我们：人的期望值不能太高，在选择时要痛下决心，绝不可以左顾右盼，坐失良机。

（2）做梦娶美人。这是求职者普遍存在的又一种现象：志大才疏，眼高手低，大事做不来，小事不肯做。这种人想干好工作、成就事业，只能是做梦娶美人——尽想好事。

（3）总想捡个大西瓜。求职者往往在择业时挑肥拣瘦，到头来却两手空空，一事无成。因此，在择业前，应当把自己的专业特长与用人单位的实际需求结合起来，对照、衡量后再去择业。

二、观念法则

（1）看重工作发展前景胜于薪水。随着竞争的加剧和收入的普遍提高，个人的发展和前途已成为求职者关注的焦点。选择工作时，薪水不再是毕业生择业的首要考虑因素，取而代之的是个人发展和企业前景。

（2）先就业，后择业。尽管各国的经济形势有所不同，但对于求职者择业而言，受工作经验因素的制约，要想一开始就找到一份理想的工作，还有一定的难度，所以"先就业，后择业"的观念正开始流行。

（3）自己当老板。给别人打工，只能听老板的，有许多创意和抱负只能在胸口憋着。社会的发展为大家提供了许多便捷条件，不少人自立门户开起了公司。

（4）在工作中学习。职业发展需要的东西大多是可以在工作中获得的，因而那些体制完备、发展成熟，能够提供系统化、职业化、规范化学习的企业，成为求职者的首选。

三、行为法则

（1）"大格局"思考。再远大的目标也需要通过切实可行的办法来实现，因此要运用你最强的欲望、充沛的精力来改变你的人生方向。

（2）对自己许下坚定的承诺。《自辟蹊径》一书的作者说："仅仅想要，甚至极想要，什么结果都不会有。除非你矢志要完成某事，并且做到实现它的必要步骤，你的志向才可能不致落空。"

（3）保持平静，准备逆来顺受。你照常上班，沉着应对你的同事，并且尽量服务于他们，即使一时无法跳槽，你也可以将压力减到最低程度，并保留可贵的精力。

（4）丢弃"我家是蓝领阶级"的悲情。你没上过哈佛，照样可以上图书馆、上互联网、使用电话，建立正常的知识体系和人际关系网。

资料来源：应届毕业生网

探索活动

就业形势调查

调查目的：

了解当前我国整体就业形势，以及所学专业的就业形势，以便及时调整自身的职业规划，或根据就业形势提高自身某方面能力，为今后的职业发展打下坚实的基础。

调查内容：

当前我国整体就业形势，本地的就业形势及所学专业的就业需求。

调查方式：

以小组为单位，通过网络、访谈、调查问卷等方式进行调查，最后形成调查报告。然后，与其他小组进行交流，以更全面地了解当前的就业形势。

评价标准：

活动结束后，教师可根据表 3-1 进行评分。

表 3-1　探索活动评价表

评分标准	分值	实际得分	备注
积极参与调查活动	25		
所选调查方式合适，准备工作充足	25		
调查问卷设计合理，符合要求	25		
调查报告符合实际，条理清晰	25		
总分	100		

能力训练

主题辩论

辩论主题：

大学生应"先就业后择业"VS 大学生应"先择业后就业"。

辩论背景：

面对国内严峻的就业形势，高校毕业生供给紧缺的时代已经一去不复返了！随着高等教育"大众化"时代的来临，高校毕业生就业正发生与"大众化"相适应的"质"的变化。高校毕业生走向大众化，这是一个不以我们个人意志为转移的、历史性的转化。高等学校毕业生就业将在一个相当长的时间内处于"买方市场"，在社会需求总量增加不大的一段时期内，毕业生层次、名牌校与普通校的相同专业毕业生之间、不同的培养质量和特色等方面的竞争将格外激烈。那么。高职院校学生应该树立怎样的就业观，才能在日益汹涌的就业大潮中找到自己理想的岗位呢？

第二节　树立正确的就业观

案例导入

小崔的跳槽心态

小崔是计算机专业的学生，毕业后在一家IT公司干了三个月，感到公司的销售业务量大、技术工作量小，学不到东西，于是跳槽到一家软件公司。

他以为这下有了学习的机会，结果项目拿不下，技术跟不上，工作中涉及的东西与自己的专业关联不大，因而工作非常吃力，工作质量和进度都不能满足企业的要求。老板很不满意地说："这是公司，不是培训班。"于是，小崔被老板炒掉了。

过了两个月，小崔找到一家大型的信息技术公司，公司业务很丰富，电子、通讯、计算机都用得上，其中由小崔和几个老员工负责局域网的安装。小崔在工作中看不惯的事很多，特别是单调重复的工作、紧张疲惫的加班和沉闷压抑的气氛，让小崔又有了想离开的念头。

资料来源：豆丁网

问题与思考：
你认为小崔频繁跳槽的原因是什么？

知识学习

就业观是人们关于职业理想、就业动机、就业标准的根本观点和看法，是就业者的世界观、人生观、价值观在就业问题上的集中反映。就业观是大学生走向求职市场的思想先导，它支配着大学生择业的方向、定位和抉择。因此，正确的就业观能指导大学生在就业时做出理性、合适的选择。

一、影响大学生就业观的因素

（一）国家的就业政策

从国家的角度来看，大学生就业属于社会资源配置的一种。而国家政策则是人才资源市场配置的具体准则，也是大学生在就业过程中应遵循的基本规范。国家政策的调整往往会引起全国范围内政治、经济的重大变化，从而对大学生的就业观产生深刻影响。

（二）学校的就业教育

目前，我国各高校都开设了就业指导课程，并设有就业指导中心，积极为大学生就业提供各方面的指导。大学生应认真学习学校的就业指导课程，了解我国的就业形势，树立正确的就业观，提升自己的职业生涯规划能力和就业择业能力。

（三）用人单位的选拔标准

用人单位的人才选拔标准对大学生的就业观也有着重要影响。如今，用人单位在招聘时，不像以往那样只看重应聘者的学历，而更看重应聘者的人品和能力。大学生在日常学习生活中要注意良好品质的养成，如诚信、勤俭等，还要注意培养自己的就业能力。

除以上三个方面以外，家庭对大学生的就业观也有着一定影响。家庭是孩子成才的摇篮，家庭的教育对大学生起着潜移默化的作用。

二、树立正确的就业观

（一）保持积极心态，珍惜就业机会

就业本身就是一种竞争，在矛盾和困难面前，要保持积极的就业心态，主动适应，调整方向，把握自我；要通过不断学习来完善知识结构，提升自身素质，适应职业的要求；要珍惜所能获得的就业机会，切忌草率放弃或轻易跳槽；从基层做起，重视基础岗位上的经验积累，踏实地走好每一步。

（二）重视实习的机会

实习是大学生积累社会经验的重要途径，它能够提高大学生的沟通能力、适应能力及解决问题的能力等。因此，大学生应充分把握在校的实习机会，广泛地接触社会，努力大胆地尝试，提前了解社会的方方面面，积累实践经验，锁定自己的兴趣点，进而有目标地去选择职业。另外，丰富的实习经验也可以增强自己在求职中的竞争力。

（三）不片面追求专业对口

在当前的各类职业中，除部分专业性、技术性较强的岗位外，很多岗位并不一味强调专业对口。对于初入职场的大学生而言，除了学习专业知识之外，更重要的是培养自己的思维方式、发现问题和解决问题的能力，为从事其他工作奠定基础。因此，大学生在选择职业时可以根据自身的兴趣、特点等放宽视野，而不仅仅局限于自己的专业上。

（四）调整薪资待遇的期望值

在求职过程中，不少大学生习惯将自己就读的学校、专业等与薪资待遇挂钩，这种陈旧、片面的理解往往造成很多大学生"高不成、低不就"，错失就业机会。面对当前的就业形势，准确定位、调整心态、把握机遇、瞄准长远发展才不失为一种可行的方法。对职场新人而言，经验的积累远比金钱的积累重要。

课堂讨论

就业初期的薪资待遇重要吗？应当如何看待？

（五）要有创业的精神和准备

创业既是实现就业的一种行之有效的方式，也是实现大学生人生理想的一个备选项。当今时代的大学生要想实现人生价值，应有创业的精神和想法，在创业实践中学会学习、学会生存、学会创造。面对激烈的就业竞争，只要大学生能够转换思维、改变观念，就一定能在就业的困境中看到希望，就业之路也会越走越宽。

大众创业　万众创新

职业规划案例

大学生就业难　多问几个为什么

观念陈旧，意识不强

"为什么我在你们这里办理了人事代理，填了求职登记表，求职简历也留了下来，但还是没有找到工作？"工作人员每天都会遇到很多这样的疑问。一些大学生的就业积极性、主动性不高，认为只要做了登记，就能找到工作。

"现在很多大学生找工作难，主要是因为一些大学生择业观念淡薄、对自己定位不明、缺乏吃苦耐劳的精神。同时很多人不自信，对自己所学专业没有一个清楚的认识，不知道该从事什么样的工作，找工作自然就很茫然。"工作人员讲道。

你们工作难找，我们人才难招

大学生工作难找，用人单位却普遍反映难招聘到人才。"长期招聘无果""留不住人才""招聘成本高"成了企业人才招聘的难题，一些企业连续多次参加招聘会，每场都有求职者报名，但是成功率却很低。

"现在高等教育培养出来的人才与用人单位的要求差距很大，很多企业不是要高学历，而是要做好工作的人才。上次一个会计专业的毕业生来应聘，我们给了他相关的材料，让他做一个报表，他居然不会做，这样的人我们怎么能用？很多人是学而不精，更谈不上广。"某企业负责招聘的工作人员讲道。

一线岗位"冷"，技能人才缺

"前不久，有一个企业在我们这里招聘，只招一个文员，有近40人报名，而销售人员的8个招聘名额却只有3个人报名。"工作人员说："这样的现象，我们经常遇到，求职者和企业的需求差距太大。"

"很多大学生认为，文员就是我们所说的'白领'，而销售是不是就是'蓝领'？而且销售工作很多都是全国各地到处跑，很辛苦，而文员工作地点则相对比较固定，很多女孩子青睐文员工作，竞争当然就不会小。"某公司张经理讲道。就实际情况而言，很多企业还处于劳动密集型阶段，许多一线岗位却频频遭到求职者的"冷遇"。同时，一些行业的技能型人才相当紧缺。

自主创业也是一条好出路

人才中心工作人员讲道："虽然现在我们有很多渠道帮助大学生就业，但是找工作关键是要自己积极，我们只能起到一个辅助的作用。广大学生不要认为只要将求职资料放到了我们这里，就能找到满意的工作，这实际上是一个误区。"

对于大学生就业的激烈竞争，某公司人事部马经理认为："大学生就业还有一个比较大的误区就是，认为只有找到了工作才算是就业了，实际上并不是这样，创业也是一条比较好的就业出路。"

王先生去年大学毕业后，没有急于找工作，而是和朋友一起创业，谈到自己的经历，他讲道："现在很多人一毕业就急着找工作，去年我去参加招聘会，看见现场人山人海，我就想，干脆创业算了。现在创业还有很多优惠，大学生应该转变一下观念。"

启智润心

目前，就业问题已经成为全社会普遍关注的问题，如何化解就业难题，全社会都在努力。从以上案例可以看出，要实现顺利就业，非常关键的一点在于大学生要转变就业观念。大学生要有创业意识，敢于自己创业；要有吃苦精神，不要嫌弃"苦脏累"的一线岗位；要善于学习，不要过于强调专业对口，可以根据自身的兴趣、特点等放宽视野。

拓展阅读

互联网时代需革新就业观：创业是就业之源

尽管眼下中国就业市场的人口红利已经没落，但是随着互联网的出现、电子商务等新兴行业的崛起，中国的就业市场正在发生翻天覆地的变化。

国家商务部发布的《中国电子商务报告》指出，电子商务作为战略性新兴产业，已经成为促进就业的主要途径之一。据 CNNIC（中国互联网络信息中心）发布的第 50 次《中国互联网络发展状况统计报告》，截至 2022 年 6 月，我国网络购物用户规模达到 8.41 亿，较 2013 年底增加 5.39 亿人，其中手机支付成为网络应用发展最大的亮点。

庞大的网购数据正是电子商务发展的蓝海所在，它开创了更多的就业和创业机会。尤其是在创业方面，随着互联网技术的渐趋成熟，只要稍微懂点互联网的人即可网上开店创业。这种创业方式成本低廉，只要一台电脑、一间小屋。正是它的低风险性令众多白手起家的创业者敢于放手一搏。如果创业初期试水成功，就能获取互联网带来的丰厚利润。

所以，电子商务成了解决就业问题的好出路。在互联网时代，只有革新自己的就业观念，突破"就业＝求职"的观念桎梏，才有可能解决自己的就业难题。

资料来源：搜狐网

探索活动

当代大学生就业观调查

调查目的：

了解当代大学生对于自己未来的就业方向和职业定位是否明确，对于现在的就业形势和现存的就业问题是否有自己的看法，引导大学生尽快地认识自我，对自己的未来有所规划，不再那么茫然。

调查内容：

主要从就业方向、就业形势、就业困难、大学生自身的就业态度等方面来设计问卷，进行调查。

样本规模：

随机抽取 200 位不同学院、不同专业的学生。

问卷内容：

（1）对本专业的了解程度及满意度，以及对其他专业的看法。

（2）对目前就业现状的看法，包括对现在就业形势的看法、就业困难存在的主要原因、就业单位主要看中就业者哪些方面的素质等。

（3）自身存在的导致不能就业的各方面原因，包括大学生对自己的薪水要求、升职要求、对就业单位的选择等。

（4）计划或实际如何应对现实的就业问题以便顺利就业，包括改变观念、降低期望值、参加培训以提升技能、继续深造、坚定目标并努力择业等。

调查报告：

依据分析结果，撰写调查报告，尽量让报告能够全面、完整地反映所要思考的问题。

评价标准：

活动结束后，教师可根据表 3-2 进行评分。

表 3-2　探索活动评价表

评分标准	分值	实际得分	备注
积极参与调查活动	25		
调查问卷设计合理，符合要求	25		
调查报告分析正确，条理清晰	25		
其他	25		
总分	100		

能力训练

谈谈我的就业观

　　将全班同学分为若干小组，各小组以"我的就业观"为主题进行讨论交流，并在组内展示自己的职业生涯规划书，同学之间相互学习借鉴，进一步完善自己的职业生涯规划。

第三节　培养就业能力

案例导入

"美丽天使"王雪

　　王雪 2012 年从某医学类院校的护理专业毕业后，就进入当地某医院工作。在平时的工作中，她兢兢业业，视病人如亲人，经常向前辈们虚心学习各种操作技能，以及与患者有效沟通的技巧。她深知要成为一名优秀的护理工作者，不仅需要较高的综合素质及沟通能力，还要有丰富的专业知识。因此，在繁忙的工作之余，王雪不忘提升学历。在工作和学习两头忙的情况下，王雪仍坚持自己的追求。为此，她苦闷过、犹豫过，但对事业的执着追求最终战胜了一切困难。

　　在医院工作的六年间，王雪获得患者表扬上百次，多次被医院评为"先进工作者""病人满意的护士"。2016 年和 2017 年，王雪代表医院参加了全省护士岗位技能比赛，均获得"二等奖"。现在的王雪已经是科室的技术骨干，在日常工作结束后，她还要负责对全科护理人员进行技能培训。王雪曾说过："医疗卫生行业是一个更新换代非常快的行业，只有不断提升自己的专业能力，才能更好地服务于病人。"

资料来源：道客巴巴

问题与思考：

（1）你从王雪的事迹中得到什么启示？

（2）你了解你想要从事的职业需要哪些能力吗？

知识学习

一、就业能力概述

　　就业能力是一种综合能力，是个人适应现代社会生产力发展、从事职业活动所必备的能力，包括从事某一职业必须具备的专业能力和从事任何职业都必须具备的通用能力两个方面。

二、专业能力培养

能力不是天生形成的，它以知识和智力为基础，是知识、智力加实践的结果。任何一种能力，都是知识和智力应用于实践中的结果，其中，知识包括书本知识和社会知识，智力包括注意力、观察力、思维力、想象力等。

同样，专业能力也离不开知识、智力和实践。专业能力是指从事职业活动和创业活动所需要的知识和技术技能，以及运用已经掌握的知识和技术技能解决职业工作中实际问题的能力。

高等职业教育培养的是生产、服务、管理等领域的一线技术技能人才，要求从业者既要有一定的理论知识，更要有熟练的技术技能，这就要求学生要高度重视实训实习，在职业发展方向上逐步提升专业技术技能。因此，专业能力的提升是建立在学生主动学习和操练的基础之上的，如果没有学好专业知识，没有掌握过硬的专业技术技能，即使已经就业，也很难胜任生产服务等一线岗位。

（一）学好理论知识

高职教育强调能力为本，但是必须、够用的理论知识学习是提升技术技能的重要基础，大学生要以自身专业为立足点，扎实掌握专业人才培养方案中规定的各门课程中的理论知识，尤其是各专业核心课理论知识。

（二）提升专业技术技能

学习知识的目的是为了将其转化为相应的能力，为此，大学生要积极参与实训实习，注重自身专业技术技能的培养。根据自身专业实际，以职业技能标准为导向，以职业技能鉴定为手段，以提升职业能力为追求，在日常学习、实践中不断提升专业技能。

高等职业教育强调工学结合、校企合作的人才培养模式。大学生要充分运用认识实习、跟岗实习和顶岗实习等机会，将自身专业理论知识和技能在具体工作岗位中加以理解、学习、领会和检验。在实习实训过程中，勤动脑、快动手、多动口，在做中学，在学中做。

❓ 想一想

不同职业对其从业者的专业能力要求不同，例如：

教师：表述技能、书写技能、信息处理技能、应用现代教学媒体的能力等。

公务人员：语言、组织管理、文字书写、计算机管理等。

IT人员：编程、网络维护、动漫设计等。

请根据自己的专业列举相关职业所需具备的专业能力：＿＿＿＿＿＿＿＿＿＿＿

＿＿＿＿＿＿＿＿＿＿＿＿＿＿＿＿＿＿＿＿＿＿＿＿＿＿＿＿＿＿＿＿＿＿＿＿＿

求职就业案例

"90后"女技能状元缘何获得母校的青睐

1991年出生的朱萍有着一张青春稚嫩的脸，和学生走在一起没人会认为她是老师。4年前，她从扬州工业职业技术学院（以下简称"扬工职院"）毕业；4年后，她成了扬工职院最年轻的老师。但这个女老师水平却不一般，曾获"湖北省技能状元"，是湖北省最年轻的省级劳动模范。前不久，她通过了特招考试，重回母校，到该校的二级学院机械与汽车学院当了老师。

在目前高职院校招聘老师普遍要求研究生学历的时代，为何扬工职院愿意向这个"90后"女孩递上橄榄枝？其实，撇开学历，朱萍身上的"经验值""技能值"令人惊讶：通过她编写代码的数控设备制作出来的零件精确度可达到0.01毫米，而一般数控员的精确度只有0.1毫米。

当然，工作期间，朱萍自己也非常努力，她在职攻读了长江大学电气工程及其自动化专业，拿到了学士学位证书。

2012年，朱萍到中石化湖北江汉油田四机厂管件分厂工作，当上了一名数控车工。刚进厂，她就干了一件让老职工刮目相看的事情。原来，他们分厂在车球面时，走刀的顺序都是从右往左。这种方式存在尺寸不稳定的现象，虽然这点误差是在质量控制范围之内。但是，每次师傅们和同事在车球面时，她都在一旁观看。她在琢磨着：也许应该有更好的办法。后来，通过对6个批次720件球面产品的尺寸测量，她发现尺寸不稳定的原因是由走刀顺序造成的。朱萍大胆地提出从中心往两边走刀的设想。于是，她用了两天时间重新编程序。在改进后，6个批次才出现1次尺寸误差情况，而以前这个数据是一个批次出现3次。现在，这项工艺已在全分厂推广。

2014年8月，朱萍代表单位参加了"2014年中国技能大赛——湖北省技能状元选拔赛"职工组数控车工比赛，并获得了第一名的好成绩，并被授予"湖北省技能状元"称号；2014年10月，她代表湖北省参加"全国数控大赛"，又一次取得了优异的成绩，并晋升为数控车床的高级技师。2015年，她被湖北省总工会授予"湖北省五一劳动奖章"荣誉称号。

而这些成绩，她的母校——扬工职院一直在关注。

"这样技能过硬的人才，我们要不拘一格'挖'回来。"扬工职院党委书记刘金存对于招聘、选拔教师有着一条不同寻常的路，"职业学院教师的看家本领就是技能，如果技能拔尖，年龄不是问题，学历也可以排在后面"。

当得知朱萍有回校做实训指导老师的意向时，学校如获至宝。刘金存说："前后我们沟通过不下10次，即使学院和朱萍达成了意向，但朱萍依然按学校规定参加了理论和实践考试。"最终，朱萍以近乎完美的成绩通过考核。

资料来源：人民网

启智润心

从以上案例可以看出，朱萍之所以能够得到扬工职院的青睐，完全得益于她自身专业技能的过硬。大学生工作后，面临的第一要务就是如何做好自己的工作，胜任自己的工作，以及怎样在工作中实现自己的人生价值。而这一切都基于自身的专业能力，因此，大学生的首要任务是培养和提升自身的专业能力，学到的东西，不能停留在理论层面，不能只装在脑袋里，而应该落实到行动上，做到知行合一、以知促行、以行求知。

三、通用能力培养

通用能力是相对于专业能力而言的，顾名思义，就是"通用性"的能力，对于各种职业而言，这种能力都是适用的，是从事任何职业的人想要取得成功都必须具备的能力，是一种超越具体职业、对人的终身发展起重要作用的能力。具体来说，通用能力就是人们在各种不同的环境中培养出来的、具有可迁移性的、从事任何职业都必不可少的跨职业能力，该能力可以提高人们工作的效率、灵活性、适应性和机动性，是个人获得就业机会、事业发展的重要保障。

（一）提升情绪管理能力

情绪是伴随认知过程产生的，是一种由客观事物与人的需要相互作用而产生的包含体验、生理和表情的整合性心理过程。情绪是丰富多彩、复杂多样的，可分为正面情绪和负面情绪。

我们要善于掌握自我，能对生活中的负面情绪进行适当地排解，能以乐观的态度及时缓解紧张的心理状态。情绪管理能力强的人比较容易找回心灵的轻松和平静；情绪管理能力差的人常常被突发情绪所引导，无法摆脱负面情绪。在现实生活中，如果人们能够有效地进行情绪管理，挖掘和培养自己的情绪智商，提升驾驭情绪的能力，建立和维护良好的情绪状态，就能时时刻刻体会到积极情绪带来的心理和生理上的变化，也能不断提高自己的身心健康水平。

求职就业案例

小小的苍蝇击败了一个世界冠军

1965年9月7日，世界台球冠军争夺赛在纽约举行。路易斯·福克斯成绩远远领先于对手，只要顺利发挥便可登上冠军宝座。然而，正当他准备全力以赴拿下比赛时，一只苍蝇落在主球上。路易斯没有在意，挥手赶走苍蝇，俯身准备击球。可当他的目光落到主球上时，这只可恶的苍蝇又落到主球上，他又挥了挥手赶跑了它，这时观众席上发出了笑声。正当路易斯俯身再次准备击球的时候，这只苍蝇好像故意要和他作对，又落在了主球上。路易斯和苍蝇之间的周旋惹得现场的观众笑得前仰后合。此时，路易斯的情绪显然恶劣到了极点，他愤怒地用球杆去击打苍蝇，一不小心球杆碰动了主球，裁判判他击球，他失去了一轮机会。本以为败局已定的竞争对手见状，勇气大增，信心十足，连连过关；而路易斯则在极度愤怒与懊恼情绪的驱使下，接连失利，最终被对手反超，与世界冠军擦身而过。

资料来源：凤凰网

启智润心

路易斯由于没有控制住自己的情绪而与世界冠军擦身而过，由此可见，情绪有时能够决定事情的成败。因此，我们要善于控制自己的情绪，而不是让自己被情绪所控制。

提升情绪管理能力的方法有以下几种。

1. 敏锐觉察自己的情绪状态

心理学家认为，情绪的产生并不是诱发事件本身直接引起的，而是经历这一事件的个体对这一事件的解释和评价所引起的。这就是著名的情绪理论（ABC 理论）。例如，有的人因为做了错事便认为自己无能，于是会感到很自卑，在这里，做错了事就是引发事件"A"；认为自己无能就是对这件事的评价和解释"B"；自卑就是因为认为自己无能而引起的情绪体验"C"。该理论认为，改变你对该事件的解释和评价，就可以改变你所体验到的情绪。因此，经常反省自己的情绪状态，能够提升自己在这方面的敏锐性，久而久之就能形成习惯，从而为自己的情绪管理能力打下很好的基础。

在日常生活中，我们可以经常提醒自己注意：我现在的情绪是什么？特别是当自己产生一些负面或是消极情绪时，要提醒自己冷静，问问自己"我为什么会有这种情绪"等。

2. 妥善控制自己的负面情绪

心理学家通过研究发现，人的一生平均有 20%的时间处于情绪不佳的状态，因此，情绪不好是很常见的生活体验。这时，情绪管理的任务就是妥善控制自己。

控制自己的负面情绪并不意味着一味压抑，那样可能会适得其反，有损自己的身心健康。妥善的做法是用恰当的方式来表达，用合理的方法来宣泄。例如，当某种负面情绪出现时，可以有意识地通过转移问题或焦点，来分散和转移自己的不良情绪，等到心情平静之后，再考虑如何解决问题。

3. 调整自己的想法

如前所述，情绪归根结底源于我们内心的想法。如果我们能够主动检视自己的想法，改变不合适的信念，那么做到"选择"情绪就不是一件难事。所以，当情绪不佳的时候，我们可以主动改变自己，激励自己，增强自信心、进取心，使自己保持乐观豁达的心态。

（二）提升时间管理能力

时间是最宝贵、最稀缺的资源，它无法再生、无法储存。人类的一切活动都要在时间中进行，人类社会也在随着时间发展变化。现代管理大师彼德·德鲁克说："不能管理时间，便什么都不能管理。"科学合理地管理和利用时间是现代人社会性格的一个重要标志。

时间管理

时间管理是指为提高时间的利用率和有效性，而对时间进行的合理计划与控制、有效安排与利用的管理过程。对大学生来说，学会把握时间，树立强烈的时间观念，养成良好的学习和生活习惯，对于管理自己的大学生活、规划自己的未来有着至关重要的作用。

提升管理时间的能力，可以从以下几方面做起。

1. 树立时间管理意识

人的行为是由意识支配的，有效地管理时间不仅可以带来生活质量的提高，还可以帮助我们实现理想、塑造形象、提升自我价值、实现自我管理等，只有树立起管理时间的意识，才会主动考虑如何合理分配时间，从而提高效率、充分利用时间。

2. 设定优先顺序

时间对于每个人来说都是公平的，合理地分配与利用时间是一个人取得成功的关键。每个人每天都有很多事情要做，仅靠记忆很难保证不会遗漏某些重要的事情。因此我们应该在分配时间之前，将事情按轻重缓急进行分类和排序，从最为紧急和重要的任务开始处理，尽量用最少的时间获得最大的成果。

求职就业案例

先放大石块

一天，时间管理专家为一群大学生讲课。他现场做的演示给学生们留下难以磨灭的印象。站在那些高智商、高学历的学生前面，他说："我们来做个小测验"，然后拿出一个容积为 5 升的广口玻璃瓶放在桌上。

随后，他取出一堆拳头大小的石块，仔细地一块块放进玻璃瓶里。直到石块高出瓶口，再也放不下了，他问道："瓶子满了吗？"所有学生应道："满了。"时间管理专家反问："真的？"他伸手从桌下拿出一桶砾石，倒了一些进去，并敲击玻璃瓶壁使砾石填满石块的间隙。

"现在瓶子满了吗？"他第二次问道。但这一次学生有些明白了，"可能还没有"，一位学生应道。"很好！"专家说。他伸手从桌下拿出一桶沙，开始慢慢倒进玻璃瓶。沙子填满了石块和砾石的所有间隙。

他又一次问学生："瓶子满了吗？""没满！"学生们大声说。他再一次说："很好。"然后他拿过一壶水倒进玻璃瓶，直到水与瓶口持平。他抬头看着学生，问道："这个例子让我们学到什么？"一个学生举手发言："它告诉我们，无论你的时间表多么紧凑，如果你挤出时间，就可以做更多的事情！"时间管理专家说："那不是它真正的意思。

这个例子告诉我们：如果你不是先放大石块，那你就再也不能把它放进瓶子里。"

启智润心

人们常说："事分轻重缓急。"先放大石块就是时间管理的奥妙所在。合理分配时间，才能够在有限的时间内依次放进各种石头、沙子和水。在工作和生活中，我们要明白，把最重要的事排在第一，而不是将紧急但不重要的事排在前面。那么，什么是你生命中的大石头呢？不仅仅你的生命中有大石头需要处理，其实每一年、每一月、每一天都有大石头，你把它们找出来了吗？你把最大的石头时时放在心上了吗？

3. 排除干扰，适时说"不"

大学生在学习生活中很常见的一种情况就是不会拒绝，特别是那些热情合群的大学生，他们喜欢表现自己，缺乏时间管理观念，往往不假思索地接受别人的请求和提议。其实，量力而行、适当拒绝是做到有效管理时间的必要条件。当我们遇到他人的委托和邀请时，不要急于接受，要根据实际情况，分析自己是否可以接受，如果不能，则要适时说"不"。

（三）提升人际交往与沟通能力

人际交往与沟通能力已成为每个人生存、生活和发展过程中越来越重要的能力。美国哈佛大学就业指导小组曾对几千名被解雇的人员进行过综合调查，结果显示：因人际关系不好而离职的人数，是因不称职而离职的人数的两倍多；因人际关系不好而无法施展其才华的人占到90%以上；80%的人在工作中失败的原因，不是因为他们的专业能力或工作动机不够，而是因为他们无法与他人一起工作、和谐相处。可见，人际关系具有社会功能，加强人际沟通，人际关系才能得以维系和发展。

人际交往与沟通能力就是能够把自己的想法、意见传达给他人，让他人充分理解自己的想法与意见，也能够接收并充分理解他人的想法和意见的能力。人际交往与沟通不仅需要语言交流能力，还需要倾听能力、文字表达能力和演讲能力等。

1. 人际交往的原则

（1）诚信的原则。这是人与人之间最基本的交往原则，也是人重要的品质。

（2）交互的原则。人际关系的基础是人与人之间的相互重视、相互支持，所以在人际交往中应当避免以自我为中心。

（3）互利互惠的原则。人际交往是一种双向行为，只有单方获得好处的人际交往是不能长久的，所以要双方都受益，这样人际关系才能够维持和发展。

2. 大学生人际交往的基本技巧

（1）平等相处，尊重他人。平等是建立良好人际关系的前提。大学生在人际交往中，只有尊重对方、将心比心、以情换情，达到相互间的心理平衡与理解，人际关系才会更加协调和融洽；只有尊重他人，才会获得他人的尊重。

（2）学会真诚地赞美他人。赞美他人，仿佛用一支"火把"照亮他人的生活，也照亮自己的心田，有助于发扬被赞美者的美德、推动彼此友谊健康地发展。真诚地赞美会给对方带来快乐，欢乐和谐的氛围会使人与人之间的关系变得轻松融洽。任何人都希望得到他人的认可与赏识，赞美能让人身心愉悦，还能激发自豪感，增强自信。但赞美要真诚，要有感而发，否则就成了恭维。而这种真诚和有感而发，需要一颗充满自信的爱心，需要一种不断学习他人、完善自我的胸怀。

（3）学会宽容和谅解。人不可能十全十美，每个人都有优点和缺点。在人际交往中，我们不能以自己的主观意愿苛求他人，不能只看到他人的短处，要多想他人的长处。在交往过程中难免会遇到一些让人不愉快的人和事，如果耿耿于怀、斤斤计较，必然导致隔阂，人际关系只会越来越紧张，对人对己没有任何益处。学会原谅别人能避免许多不必要的纷争，但原谅不是无原则的忍让，不是好坏不分、软弱可欺。

（4）学会换位思考。在人际交往中，我们都会站在自己的角度思考问题，维护自己的利益，但同时，我们又会非常讨厌那些为了自己的利益而不惜牺牲他人利益的人。因此，在争取自己利益的同时，也要兼顾他人的利益，要做到"己所不欲，勿施于人"，学会换位思考。

（5）关心帮助他人。每个人都有可能遇到困难，需要他人的帮助。当他人遇到困难、挫折，需要帮助的时候，我们要伸出自己的援助之手，给予他人关心、帮助和支持。一个不愿意帮助他人的人，也很难得到他人的帮助。

（6）保持独立自主与谦虚的品格。与人交往时要有自己的主见，不要人云亦云、趋炎附势，更不要骄傲自满、目空一切。不要总是与人争论，无论自己如何有理、对方如何无理，都不需要处处、事事、时时显示自己的高明。否则，长此以往，会让人难以容忍，不利于良好人际关系的发展。

（7）保持微笑和愉快的心情。微笑有助于增进交流，缓解紧张冲突的气氛。日常交往中要学会带着真诚的微笑与人交流，只有真诚的、发自内心的微笑，才能给人带来温暖，才会给人留下美好深刻的印象。

（8）倾听并恰当地给予反馈。倾听表示尊重、理解和接纳，是连结心灵的桥梁。在与人交谈时要专注，积极倾听他人的谈话，不时地给予适当的反馈和提问；同时，不要随意打断他人的谈话，在表达自己的不同看法时，首先要认可当事人的想法，再礼貌地提出自己的看法，只有这样，才会在表明观点的同时避免冲突，不伤及彼此的关系。

求职就业案例

同事间的争吵

小贾是公司销售部的一名员工，为人比较随和，不喜争执，和同事的关系处得都比较好。但是，前一段时间，不知为什么，同一部门的小李总是处处和他过不去，有时候还故意在别人面前指桑骂槐，工作任务也都有意让小贾做得多，甚至还抢了小贾的好几个老客户。

起初，小贾觉得都是老同事，没什么大不了的，忍一忍就算了，但是，看到小李如此嚣张，小贾一赌气，告到了经理那儿，经理把小李批评了一通。从此，小贾和小李成了绝对的冤家。

启智润心

小贾遇到的问题是在工作中常常出现的。在同事小李对他的态度有所改变时，小贾应该有所警觉，应该留心是不是哪里出现问题了。小贾只是一味忍让，但是，忍让不是解决问题的办法，最好的办法应该是多沟通。

小贾在忍不下去的时候选择了告状。其实，找主管来说明一些事情是可以的，关键是方式和方法。在这里，小贾、部门主管、小李3人犯了一个共同的错误，那就是没有坚持"对事不对人"。主管做事也过于草率，没有起到应有的调节作用，他的一番批评反而加剧了二人之间的矛盾。正确的做法是应该把双方产生的误会、矛盾的疙瘩解开，加强员工之间的沟通。

（四）提高团队合作能力

随着社会的不断发展进步，人们在工作中面临的问题日益复杂，往往涉及多种专业的内容，单靠一个人很难胜任，需要人们通力配合，综合多方面的知识才能完成。因此，团队合作就显得越来越重要，许多企业都把团队合作精神作为企业文化的重要组成部分。用人单位在招聘大学生时，也会把是否具有团队合作能力作为录用大学生的重要标准之一。

团队合作是一群有能力、有信仰的人为了一个共同的目标而相互支持、合作、奋斗的过程。团队合作能力则是建立在团队基础上，发挥团队精神，以达到团队最大工作效率的能力。充分理解团队合作精神的人，更具有理解和感受不同情境的能力，他们懂得社会和时代需要什么，自己缺少什么，才会不断完善自己，提升自己的能力，使自己适应社会和时代的需要。

求职就业案例

某知名企业招聘市场开发人员，12名优秀应聘者从几百人中脱颖而出，进入复试。但此次招聘仅有3个名额。复试开始后，负责人把这12个人随机分成甲、乙、丙、丁4个组，指定甲组的3个人去调查婴儿用品市场，乙组的3个人调查学生用品市场，丙组的3个人调查中青年用品市场，丁组的3个人调查老年人用品市场。

两天之后，12个人把自己的市场分析报告送到了负责人那里，负责人一一看完之后说："恭喜甲组，你们被本公司录取了。因为在这4个组中，只有甲组的3个人互相借用了各自的资料，补全了自己的分析报告，这正是我们公司需要的人才——具有团队合作意识的人才。要知道，团队精神才是现代企业成功的保障。"

启智润心

在工作中，很多时候都需要与他人合作，因此良好的团队合作能力十分重要。作为团队的一分子，如果不能融入群体，总是独来独往，必定无法很好地完成工作。

提高自己的团队合作能力，需要做到以下几个方面。

1. 尊重

要提高团队合作能力、尽快地融入团队、提高团队的战斗力，首先要学会尊重他人。团队是由不同的成员组成的，每一个成员都值得他人去尊重。只有团队中每一个成员备受尊重，才能保证成员间的平等关系，促使团队营造出和谐融洽的氛围，使团队资源得到最大化的共享。

2. 信任

信任是合作的基础，它是一种激励，更是一种力量。团队是一个相互协作的群体，需要团队成员之间建立相互信任的关系。这种信任可以在团队内部创造高度互信的互动能量，同时这种能量能促使成员更加相信团队的奋斗目标，使每一个成员更加乐于付出自己的能量和激情。

3. 宽容

宽容是团队的润滑剂，能消除分歧和争端，它能使团队成员互敬互重、和谐相处，从而安心工作，体会到合作的快乐。

4. 负责

团队在运作过程中难免会出现错误，若每一次错误出现时大家都相互推卸责任，这个团队就不可能成功。所以团队成员要敢于担当，对自己和整个团队负责。

5. 互助

当团队出现"短板"时，团队成员要学会互助，不能只顾自己前进。只有想方设法让"短板"变成"长板"，才能完全发挥团队的作用。

（五）提升行动能力

思考是一种能力，行动更是一种能力，我们要做到先思考、再行动。思考能够帮助我们分析问题，确立目标；而行动则是解决问题、实现目标的必要条件。成功最终取决于我们采取了多少行动，而不是取决于我们知道多少。

很多时候，我们常常给自己的不行动找很多的借口，这是因为我们对未知的事情没有信心和把握。犹豫、拖延、逃避，不但会浪费时间，还会不断滋长我们的恐惧。所以，我们必须培养自己"立即行动"的习惯，不能让自己陷入恶性循环之中。

想一想

我们每个人都有行动能力，但水平有高低之分，各自也有不同的特点。有的同学常常能够马上行动，但难以坚持；有的同学虽然行动速度较慢，但能坚持很久。想一想，自己身上有怎样的行动特点？在以后的职业生涯中，应如何改进？

专业能力和通用能力在我们每个人的职业生涯中都是必备的基本能力。无论我们个人的能力倾向如何，将来选择什么样的职业，都不能忽视这些能力的提升。只有努力学习专业理论知识，练就过硬的专业技术技能，主动提升自己的综合素质和能力，才能在满足社会需要的同时，实现自己的职业发展目标。

拓展阅读

时间管理 21 原则

1. 目标

制定事业、健康、工作、财富、成就、自我成长等方面的目标。问自己三个问题：如果自己有 100 万，会订立什么目标？如果自己只剩下 6 个月的生命，会订立什么目标？假设自己做什么事情都不会失败，会订立什么目标？明确写下你的目标。

2. 计划

事先规划好行动。制定目标—列出行动步骤—每天执行—经常修正。

3. 分析

提前列出工作内容，核对工作进度。做重要的事情、处理紧急事件，其他事情可以有效授权给合适的人去做。

4. 设定优先顺序

80/20 定律：用 80%的精力做 20%最重要的事情，用 80%的时间来处理会影响到未来的事情。

5. 专注力

不值得做的事情，一分钟都不要去做。一次只做一件事情。一般认为，至少持续工作一个小时才能处理一件比较重要的事情。如果中途被打断，所耗费的时间至少是持续工作的 5 倍。

6. 时间期限、奖励

帕金森定律：事情总是会拖到最后 1 分钟完成。有可能在 2 个小时完成 8 个小时的工作，需要压缩、紧凑时间。不要把 2 个小时的工作拖到 8 个小时完成。完成一个分段目标，应该给自己一个奖励，产生持续的行动力。

7. 工时记录

成功的人至少以半个小时来计划时间，甚至计划到分钟。每天衡量、检讨、修正自己的时间运用，在有意识的时间里记下自己此时此刻在做什么。

8. 不要故意拖延

不停地对自己说："立刻去做！立刻去做！立刻去做！"培养紧急意识。

9. 授权

尽可能在每一件不重要的事情上授权。授权时要明确：一是告诉被授权人，你想得到什么样的结果；二是要挑选一个正确的人进行授权；三是希望被授权人做什么，什么时候完成，并要随时核查完成进度。

10. 会议

一是要明确会议的目标，要达到什么目的；二是1个小时以上的会议必须提前下发会议议程；三是优先处理重要的事情；四是准时开始，准时结束。

11. 干扰事件

尽量避免被电话、人、突发事件干扰。

12. 关键成果领域

自己适合做什么事情，要完成什么有价值的工作，希望得到什么样的效果。

13. 分批作业

累积、集中处理同类事情。如集中回复几通电话、集中批阅文件等。不要回一通电话，批阅一份文件，授权一件事情，再回一通电话。

14. 整洁

Traf系统：

T—丢弃：把不用的档案丢进垃圾桶。

R—转手：把事情转手给不同的人去处理。

A—行动：马上就做。

F—存档：把有用的、已处理完毕的档案归档，并做好记录。

一个重要原则：东西用完后要放回原处，减少寻找时间。将工作档案系统化集中放置。

15. 连续工时

持续不断，不要停止，直到完成。创造性、行政性的工作分开做。

16. 利用零散时间

充分利用交通、休息、等人等零散时间；随身带书看或听录音。

17. 电话

说要说的话，长话短说，做好电话记录，随身携带纸笔。

18. 准时

提前15分钟到场；集中注意力；做笔记备忘。

19. 简化工作

把工作系统化、简单化，寻找更好的办法。其重要原则是时间做长一点，做快一点；不要做太多的事情，只做最重要的事情，做最拿手的事情；尽量少犯错，第一次就把事情做对，减少修改时间；利用团队的合作力量，团结处理。

20. 不

学会说"不"，并尽早、经常运用。

21. 平衡

自己的时间也要注意分配给家庭成员、朋友、社会等。不与家人沟通、不参加朋友聚会、不关注社会的做法都不可取。

探索活动

自我能力探索

仔细回想一下从小到大让你感到自豪和有成就感的事情，写得越多越好。不管这件事宏大或是微小，别人怎么看都没有关系，只要这件事让你觉得很自豪。写完后，按照你的自豪程度对这些事情进行排序，把让你最自豪的排在前面，然后逐个分析一下这些事情，问自己以下几个问题：

（1）在这件事里，我做了什么？

（2）在这件事里，我发现了什么？

（3）做完这个练习，我对自身的能力有何发现？

表 3-3　探索活动评价表

评分标准	分值	实际得分	备注
写出感到自豪和有成就感的事情越多，得分越高	25		
所写事件为自己真实经历	25		
通过活动，能够发现自己之前不曾发现的能力	25		
积极参与活动	25		
总分	100		

能力训练

养成定置时间习惯

活动目的：

帮助学生提高时间管理能力。

活动准备：

（1）为使大学生对自己的时间管理情况有明确的认识，课前可以安排其连续记录一周自己的时间分配状况，课上进行分析。

（2）给每个学生准备一张长 40 cm、宽 5 cm 左右的纸条，分为十等份，为节约时间可以事先画好刻度。

（3）课上学生分组活动，每组准备一张白纸，一支水彩笔，用于记录讨论结果。

活动过程：

（1）体验活动：度量人生。

假设我们可以活到 100 岁，用带有 0～100 刻度的纸条象征人的一生。第一步，找到你现在的年龄刻度，把走过的人生撕掉。第二步，通常人们在 60 岁退休，找到那个年龄刻度，把那之后的人生撕掉。第三步，想想你希望自己什么时候做到事业有成，找到那个年龄刻度，把那之后的人生也撕掉。

（2）体验活动：我的时间馅饼。

学生事先绘制饼图，分析自己一周内每天放学后的时间是如何分配的。

讨论：

在活动中你感悟到了什么？应该如何高效、合理地安排自己的时间？学生可以分享自己的感受，教师做适当的点评。

脱稿演讲

活动目的：

帮助学生提高语言表达能力，进而提高沟通能力。

活动形式：

（1）即兴演讲。每节课开始时，邀请 2～3 名学生主动上台进行即兴演讲，题目自拟，时间为 3～5 分钟。愿意进行演讲锻炼的学生可以利用这个机会。

（2）主题式演讲。把学生分成若干组，拟定若干题目，由学生自选。每个小组需完成三个主题的演讲。每次演讲时演讲者要面对老师和组内全部同学。

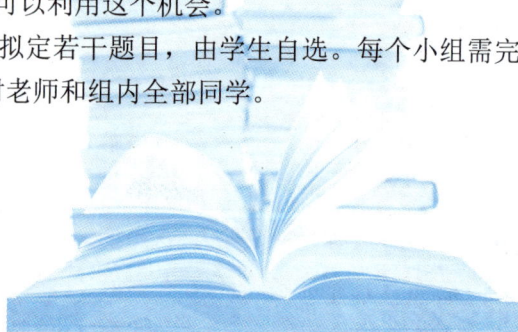

第 四 章

做好就业准备

知 识 目 标

➤ 了解搜集就业信息的途径。
➤ 理解求职信的写作格式及要领。
➤ 熟悉简历的撰写内容及要求。
➤ 掌握笔试和面试的技巧。

能 力 目 标

➤ 能够根据自己所学专业搜集相关的就业信息并合理利用。
➤ 能够撰写符合自身实际的求职信和求职简历。
➤ 能够运用求职技巧处理求职过程中出现的常见问题。

素 质 目 标

➤ 自觉提升求职能力。
➤ 自觉培养客观公正、诚实守信、自信进取的求职心理品质。
➤ 自觉提升专业素养和专业精神。

第一节 搜集就业信息

案例导入

就业信息的重要性

在某高校毕业生宿舍，小赵在网上不停查找着各种招聘网站的信息，智联招聘、前程无忧……他根据自己的专业和兴趣选择着就业岗位。虽然现在是冬末春初，仍有大滴大滴的汗从他额头滚落。而他邻床的杨阳早已胸有成竹，手中早就握着几个单位的就业意向书，从国企到民企，杨阳在犹疑不决，但脸上有种灿烂的神情。

是什么让同一个专业、同一个宿舍的他们在就业的重要关头面临不同的情况呢？其实，原因在于他们对于就业信息掌握的情况不同。

小赵只是单一地将搜集就业信息定位在网站搜索，杨阳则有更多的想法，他说："我觉得自己能在就业上脱颖而出，主要是因为手头有很多就业信息可以选择。从综合学校就业指导中心提供的就业信息，到我自己去心仪企业网站链接上搜集招聘信息，我在尽可能多地搜集和利用就业信息，我是赢在了起跑线上。"

资料来源：中国青年网

问题与思考：

我们可以通过哪些途径得到与就业相关的信息？

知识学习

一、就业信息的搜集

就业信息是指就业者通过各种途径和方法获得的，并经过加工、分析、判断和筛选之后提取的对自身选择职业或职位有价值的、可利用的就业方面的消息和情况。

就业信息对于大学生求职择业有着非常重要的作用，大学生应及时掌握与就业有关的信息。就业信息越广泛，择业的视野越宽阔；就业信息质量越高，择业的把握性就越大。

（一）就业信息搜集的原则

1. 精准性原则

由于社会生产力迅速发展，人才流动频繁，用人更新速度变快，社会上在同一时间存在来自四面八方的形形色色的用人信息，让求职者难辨真假。所以，大学生在搜集信息时，应多观察、勤思考，以确保所获得的就业信息的准确性和真实性。对于一些不是十分清楚的就业信息，要及时与用人单位联系或请教别人，搞清用工意图，以免上当受骗。

2. 时效性原则

时效性是信息本身的重要特性之一，信息只有在规定的时间内有效。而就业信息的时效性则更强，在就业信息发布的有效期限内，如果招聘单位完成了招聘计划，已经与求职者达成协议，那么就业信息自然就失效了。因此，毕业生应及早对就业信息做出应有的反应，切忌使重要的求职信息成为"明日黄花"，错失良机。

3. 针对性原则

随着人才市场的发展，就业信息日益丰富，如果在信息搜集中不注意适用性，那么就可能在众多的就业信息中把握不住方向，从而捕捉不到真实的、有价值的信息。这就要求毕业生在搜集就业信息时，必须充分结合本校特色、本专业特点有针对性地选择就业信息，减少求职的盲目性。

❓ 想一想

> 某学生在人才市场上看到如下招聘广告：某药厂仓库招聘管理员，主要职责是分类检查库存物品，单位提供入职培训，有工作经验者优先。请结合该招聘广告，分析这项工作对求职者的要求。

（二）就业信息搜集的途径

就业信息多种多样，搜集的渠道也各有不同。总体上说，目前大学生可以通过以下途径获取相关的就业信息。

1. 个人搜集

求职者广泛收集自己专业和某职业范围内用人单位的信息资料并加以研究利用。

2. 各级政府主管部门和就业指导机构

为了指导毕业生就业，各级政府都成立了大学毕业生就业指导机构。这些机构的主要职责是定期搜集所在地各单位的需求信息，经过整理，通过多种渠道发布出去，并为大学生提供各种咨询和服务。例如，各地成立的职业指导中心、大学生就业指导中心、人才交流中心等。

3. 各种毕业生供需见面会和人才招聘会

每年 11 月后，各地方、各学校或用人单位举办的规模不等、形式多样、定期与不定期的招聘会，往往具有时间集中、信息量大、针对性强等特点，是大学生了解信息、成功择业的难得机会。

4．学校毕业生就业指导中心

学校的就业信息主要来源于直接到学校招聘毕业生的用人单位及各人才招聘机构。就目前状况来看，大学生从学校得到的就业信息需求量大、可信度高，其针对性、准确性均较强，是毕业生获得就业信息的主要渠道，毕业生对其应高度重视。

5．社会传播媒介

目前，大学生就业成为社会关注的热点。许多新闻媒体如报刊、电视、杂志、广播等时常发布就业政策、行业现状、人才需求、职业发展前景等方面的内容，这都是获取就业信息的渠道，广大毕业生应注意定期收集。

6．社会关系

在收集信息时，社会关系是一个不容忽视的途径。一般来说，社会关系包括：家庭和亲戚；同学、朋友及邻居；以前或现在的老师；校友；其他求职者。他们分布在社会的各个领域，通过他们了解社会需求信息，针对性更强，而且比较准确、直接。

7．互联网

网络作为开放式的信息平台，具有信息量大、速度快、对象广、查看方便等优势，越来越受到大学生的青睐。它实现跨越时空界限、打破单向流动的传统人才交流格局，为大学生就业提供更便利的条件。

课堂讨论

你认为通过哪些渠道获得的就业信息可信度更高、求职成功概率更高？请进行分析、讨论，并列一份表格清单，注明信息渠道、可信度、成功概率高低及理由。

二、就业信息的处理

大学生在求职择业过程中获取的信息数量众多，这就要求大学生要根据自己的实际需要对搜集到的信息进行处理，去伪存真、去粗取精，提高就业信息的针对性和时效性，以便更好地为自己的求职择业服务。

（一）科学地掌握就业信息

大学生在择业过程中需要掌握的就业信息很多，不仅包括用人单位的需求信息，还包括经济社会发展情况、就业政策、行业动态等。毕业生可通过对就业信息的分类、加工、整理，把握住社会政治、经济等各方面的发展动态，并据此分析当年社会的就业形势，对各行各业、各层次人才的需求情况有总体的认识，以便及时调整个人在求职择业中的预期目标，选定自己最需要的就业信息。

（二）准确地鉴别就业信息

大学生获取就业信息的渠道多种多样，获得的信息真伪难辨，首先要确定其真实可靠的程度。除了自己亲身实践获得的就业信息外，其他就业信息原则上都需要进一步甄别。现在有些招聘者出于损人利己的目的，利用大学生求职迫切的心理，发出带有引诱性、欺骗性的信息。这就需要我们提高警惕，分析和鉴别它的真伪，确保就业信息的真实可靠。要通过一切可能的知情人，从不同角度正视和澄清疑点，尽可能多地掌握更多的情况，避免人云亦云，轻信盲从。

（三）有针对性地筛选就业信息

面对大量的用人信息，大学生不可能也没有必要逐一落实。比较实际的做法是根据个人对职业评价、职业兴趣的思考，把符合个人发展方向的用人信息按重要性、紧迫性综合排序，然后分层次、有重点地了解落实。

（四）合理地利用就业信息

（1）尽快与用人单位取得联系，以免在自己犹豫不决时错失良机。因为，信息是具有时效性的，错过了这个时机就等于错过了这个机会。

（2）根据就业信息的要求及时调整自己的知识、技能结构，提高自己的工作能力，弥补原来的不足。如发现自己哪方面的知识不足，就主动去学习，或发现自己哪方面的技能欠缺，就赶快参加必要的训练，主动学习和掌握相应的技能，以便以后走向工作岗位后能够更快地适应工作要求。

（3）及时输出对他人有用的信息。有些信息对自己不一定有用，可是对他人却十分有用，遇到这种情况，千万不要抓住这些信息不放手。迟迟不输出对他人有效的信息，这是一种极大的浪费，也是一种不良心理的表现，是不可取的。其实，主动输出对他人有用的信息，不仅是对他人的帮助，而且他人的顺利就业自然也使你减少了一个竞争者。同时，这样做还增加了与他人交流信息、增进友谊的机会。

求职就业案例

因犹豫而错过的就业良机

某高校汽车运用与维修技术专业的毕业生王某参加了学校举办的毕业生招聘会。山西大同市一家效益不错的汽修企业认为他的条件不错，想要与他签订就业协议，并且表示他到单位后会有很好的发展前景。虽然王某也愿意到该单位去，但觉得单位的工作地点不尽如人意，有些偏僻且气候不好。于是他就去找就业指导中心的老师咨询。老师们一致认为该单位整体情况不错，应抓紧时间尽快决定。

可能是这种机会来得太容易了，王某做出了不去该单位的决定。对此，学校老师和该单位的招聘人员都觉得遗憾和惋惜。但仅仅过了三天，王某思想上发生了变化，又想去该单位工作，这时招聘人员已经离开学校了。后经联系，单位表示现在该岗位的招聘计划已经完成，不能接收他了。

资料来源：道客巴巴

启智润心

此案例表明，求职信息的时效性非常强，毕业生一定要抓住机会，尽快做出决策，不然就会坐失良机，后悔莫及。职业赋予个人成长发展的平台，也是个人服务人民奉献社会的平台，大学毕业生应当立足服务人民找到适合个人成才的用人单位。

拓展阅读

就业信息的要素

一般来说，一则质量较高、较完整的就业信息应该包含以下 8 个要素。

（1）用人单位的名称及其所有制。用人单位的名称往往包含着所属的行业、业务范围、所在地区、企业级别、所有制形式等，如"珠海市梅溪牌坊旅游有限公司""广州市新华人寿保险公司天河直属支公司"等。

（2）用人单位的主管部门及其发展趋势。随着改革的发展，某些事业编制单位也可能成为私有企业，其主管部门也会相应变化，一般主管部门不同，劳动人事管理办法也可能存在区别，而且工资、福利、医疗、养老、住房等待遇也有区别。

（3）用人单位所属行业及其发展趋势。毕生生供职于不同行业，职业生涯发展也各不相同。

（4）意向的职业岗位在用人单位中的地位和作用。如保险公司的业务员、内训人员、精算师、会计、出纳、保安、司机等多种岗位，都有特定的地位和作用。

（5）用人单位及意向岗位的工作环境和福利待遇。工作环境包括人际关系、工作时间（有无夜班等）、户外还是室内，以及工作场所的温度、湿度、噪声等。福利待遇包括工资、奖金、四险一金（四险：养老保险、医疗保险、失业保险、工伤保险，一金：住房公积金）等，有无入职培训，有无进修和晋升机会也可能包括在内。

（6）用人单位的地理位置和发展前景。地理位置不仅关系到求职者就业后每天上下班的距离，还关系到一个单位的发展前景，交通不便、位置偏僻，是发展的不利因素。另外，用人单位的固定资产、流动资金、科技含量、人才构成等因素，也与发展前景密切相关。

（7）用人单位对求职者的具体要求，如学历、专业、性别、身高、相貌、体力、户口，以及职业资格、技术等级方面的要求。有些用人单位还对心理素质、能否经常出差等方面有特殊要求。

（8）招聘人数和报名办法。用人单位本次招聘哪些岗位的从业者，每个岗位招聘的数量，报名的时间、地点、方式，应准备的证件和材料，如身份证、户口本、学历证书、职业资格证书、简历和有关证明等。

探索活动

就业指导早知道

活动目的：

了解本校的就业指导工作情况，明确就业指导的重要意义。

活动内容：

（1）分组。每6人一组，设组长一名。

（2）以小组为单位，对本校的就业指导教师、即将毕业或已经毕业的学长学姐等进行采访，了解学校能够提供哪些方面的就业指导服务，除学校的就业指导部门之外还可以通过哪些途径寻求就业指导。

（3）访谈结束后，整理访谈记录，并与其他同学进行交流，进一步了解寻求就业指导的途径。

活动检测：

活动结束后，教师可根据表4-1进行评分。

表4-1 探索活动评价表

评分标准	分值	实际得分	备注
访谈前准备充分	25		
全面、准确了解学校的就业指导服务	25		
访谈记录内容真实，条理清晰	25		
积极参与活动	25		
总分	100		

能力训练

就业信息搜集训练

训练目的：

提高就业信息的搜集与处理能力，为今后的求职择业打下良好基础。

活动要求：

（1）根据自己所学专业及想要应聘的岗位，搜集三则合适的就业信息，并完成表4-2。

表4-2　就业信息表

搜集途径			
公司名称			
职位类别			
职位名称			
职位描述			
工作地点			
雇佣条件			
联系方式			

（2）将搜集到信息与同学进行分享，交流搜集信息的方法。

第二节　准备求职材料

案例导入

简历新形式：报价单

刚从某高校市场营销专业毕业的郑某，通过自己"明码实价"的简历，拿到了某知名房地产公司的录用通知。她在简历中对自己的能力及不足进行"明码标价"，简历就像一个"价目表"。

基本价值：2 500 元——作为一名大学毕业生，耗费了父母大量的金钱和感情，需要足够的物质支持来回报家人和满足个人生活，并用于支付工作技能进一步的发展。

技能价值：−300 元——作为一名刚刚毕业的学生，销售技能还有所欠缺，所能干的工作不具有不可替代性，但在进入单位经过一段时间的磨炼后，我相信自己一定可以有所提高。为了感激贵单位给予这个"进门"的机会，认为应该减去 300 元的月薪。

性格价值：300 元——开朗、活泼、幽默的性格，能最大限度地使一个团队士气高昂，在愉快的氛围中保持工作的高效。

经验价值：−500 元——经验欠缺，没有独立地完成过一次营销活动，也没有组织过大型的社会活动，但作为一个具有扎实的专业技能和较高的综合素质的社会新人，能很快完成从学生到职员的过渡。

······

和其他毕业生的简历相比，郑某的简历更像一份报价单。她对自己的各项素质进行了具体而客观的评价，一共有 10 余项，分别给出了或正或负的价值数额。最后，她给自己评定的市场价值是 3 500 元。

郑某高兴地说："因为形式新颖，我投去简历的单位几乎都会让去我面试。"

资料来源：百度文库

问题与思考：
简历在求职择业中重要吗？简历一定要与众不同的吗？

知识学习

一、求职信

求职信又称自荐信，是求职者在了解就业信息后有目的地向用人单位所做的自我介绍。它是针对特定单位写的，主要表述求职者的主观愿望和特长，其目的是获得用人单位的了解、重视和兴趣，取得面试的机会。

如何写好求职信

（一）求职信的写作格式

求职信的写作格式与一般书信大致相同，包括标题、称呼、正文、结尾和落款。

1. 标题

标题是求职信的标志和称谓，要求醒目、简洁、庄雅。需用较大字体标注"求职信"三个字，显得大方、美观。

2. 称呼

这里的称呼是指对主送单位或收件人的称呼，要正式、准确，忌用"前辈、叔叔、师兄"等不正式的称呼，且在实际书写时要区别对待。例如，写给国家机关或事业单位的人事部门负责人，可用"尊敬的××处长"称呼；写给企业人力资源部，可用"尊敬的××经理"等。

3. 正文

这是求职信的核心部分，应当包括以下几部分内容。

（1）简单的自我介绍，如姓名、年龄、学历、专业、特长等。

（2）简单说明求职信息的来源。

（3）说明应聘职位，表达出对应聘工作感兴趣的原因和愿意到招聘单位工作的愿望。

（4）重点说明个人具备的能够胜任工作的条件。

4. 结尾

结尾一般包括两个方面的内容：一是盼回复，二是祝词。在一般的求职信中，表达希望对方答复或者获得面试机会所用的措辞几乎已成定式，如"我热切盼望着您的回复""期待能获得与您面谈的机会"或者"给我一个面谈的机会，我将不胜荣幸"等。此外，正文后的问候祝颂虽然只有几个字，但也有着不可忽视的作用，可用"顺祝安康""祝贵公司兴旺发达"等词，也可用"此致敬礼"之类的通用词。

5. 落款

落款包括署名和日期。需要注意的是，不管求职信是打印的还是手写的，署名一定要手写，其下方要完整地写上年月日。

（二）求职信的撰写要点

1. 实事求是，不弄虚作假

内容不实是写求职信的大忌，使用内容虚假的求职信，即使获得了面试或就业机会，迟早也会被用人单位发现，这样就有可能因失信于人而失去就业机会。

2. 态度诚恳，措辞得当

写求职信时不要想别人会给你什么，你能获得什么，而首先要想你能给公司带来什么，自己能为公司做些什么。只有这样，才能摆正求职的心态。另外，写求职信时，要诚恳礼貌，既不能自吹自擂、炫耀浮夸，也不要胆小怯懦、缺乏自信。

3. 着眼现实，有针对性

求职信的核心内容是自己的价值，也就是自己胜任工作的能力，但并非多多益善，要选择与应聘岗位有关的内容，要有针对性、有的放矢。在动笔前，要对所应聘的单位情况有所了解，还要对所应聘的职位有所了解，然后用事实和成绩恰如其分、有针对性地介绍和突出自己与本职位相关的特长。

求职就业案例

达·芬奇的求职信

1483 年，31 岁的达·芬奇离开故乡来到米兰。他没有钱财，需要生活，就得找工作，于是他给当时米兰的最高统治者写了一封求职信。这就是著名的《致米兰大公书》，其内容如下。

> 尊敬的大公阁下：
>
> 　　来自佛罗伦萨的作战机械发明者达·芬奇，希望可以成为阁下的军事工程师，同时求见阁下，以便面陈机密。
>
> 　　一、我能建造坚固、轻便又耐用的桥梁，可用来野外行军。这种桥梁的装卸非常方便。我也能破坏敌军的桥梁。
>
> 　　二、我能制造出围攻城池的云梯和其他类似设备。
>
> 　　三、我能制造一种易于搬运的大炮，可用来投射小石块，犹如下冰雹一般，可以给敌军造成重大损失和混乱。
>
> 　　四、我能制造出装有大炮的铁甲车，可用来冲破敌军密集的队伍，为我军的进攻开辟道路。
>
> 　　五、我能设计出各种地道，无论是直的还是弯的，必要时还可以设计出在河流下面挖地道的方法。
>
> 　　六、倘若您要在海上作战，我能设计出多种适宜进攻的兵船，这些兵船的防护力很好，能够抵御敌军的炮火攻击。

> 此外，我还擅长建造其他民用设施，同时擅长绘画和雕塑。
>
> 如果有人认为上述任何一项我办不到的话，我愿在您的花园，或您指定的其他任何地点进行试验。
>
> 向阁下问安！
>
> 列奥纳多·迪·皮耶罗·达·芬奇

米兰大公收到此信后不久，就召见了达·芬奇。在短暂的面试后，正式聘用达·芬奇为军事工程师，待遇优厚。

资料来源：豆丁网

启智润心

达·芬奇这封短短的求职信之所以能够产生如此好的效果，主要是因为其内容详略得当、针对性强。当时，米兰大公正处于强敌环伺的境地，必须大力发展军事制造业，因此急需这方面的人才。达·芬奇深切地了解他的需要，并有针对性地写了这封求职信。达·芬奇在绘画、雕塑、哲学和其他领域都拥有卓越的才能，但在这封求职信中，他只详细描述了自己在军事工程方面的才能，而对其他才能一笔带过。大学毕业生求职时，一定要着眼服务社会，关注用人单位需求。

4. 富有个性，不落俗套

撰写求职信时要有自己的风格与特点，而不能千篇一律，落入俗套。立意新颖、语言独特及思考多元化的求职信才能给对方造成强烈的印象，引起招聘者的注意，并进而激发起招聘者的兴趣，使自己赢得面试的机会。因此，一定要把自己的强项写出来，将自己的"亮点"展示出来。

5. 制作精致，言简意赅

求职信的设计要有创意，外观要整洁大方，从而容易引起用人单位对求职者的好感。此外，还要做到言简意赅，太长的求职信很容易使招聘者失去阅读的兴趣。

（三）求职信示例

求　职　信

尊敬的王经理：

您好！

我叫李明，今年 21 岁，是××职业学院机械工程系××届毕业生。我从××晚报的招聘服务信息中了解到贵公司欲招聘机电设备维修人员，故冒昧给您写信应聘。

在高职学校三年的学习中，我主修机械制造与自动化专业，学习认真，成绩优秀，连续三年获得学校奖学金，并获得国家大学英语四级、计算机三级等级证书；本人实践动手能力较强，在校期间积极参加职业技术技能培训，通过职业技能鉴定，获得"机修钳工证"（中级）和"维修电工证"（中级）。毕业实习期间参加××电器公司自动生产线的安装调试工作。

　　本人性格开朗，爱好广泛，曾担任班级学生干部，能团结同学、协助辅导员老师积极开展好班级工作，提高了自己的组织协调能力。多次被评为优秀团员和优秀干部。

　　我相信自己能够胜任贵公司机电设备维修一职。贵公司现代化的经营理念，广阔的发展空间，都深深地吸引着我。如果能成为贵公司的一员，我愿意从基层一线工作做起，努力工作，为公司做出自己的贡献。

　　随信寄上本人简历及相关证件的复印件，请审阅。

　　热诚地期待您的答复。祝您工作顺利！

　　我的联系地址：（略）

　　邮编：×××××

　　　此致

敬礼

求职人：李明
××××年×月×日

二、求职简历

　　简历是一个人生活、学习、工作等各方面情况的如实反映，其作用就是让用人单位全面了解自己，从而为自己创造面试的机会。通常情况下，用人单位都是先通过简历对求职者进行初步了解，以确定求职者能否参加面试。

如何让你的简历脱颖而出

（一）简历的内容

　　制作简历时选择哪些方面的内容可根据应聘单位的要求和个人的具体情况来决定，但一般应包括以下几个部分的内容。

　　（1）标题。一般为"简历""个人简历""求职简历"等。

　　（2）个人基本资料。列出姓名、性别、籍贯、出生日期、毕业院校、专业、学历、联系方式（电话、手机、电子信箱、通信地址、邮编）等。

　　（3）求职意向。表明本人对哪些岗位、行业感兴趣，要注意自己的求职愿望与所招聘的职位相符，要写出自己的真实想法。

　　（4）教育经历。按时间列出受教育的经历，列出院校、专业、学历。

　　（5）实践经历。这部分内容是整份简历的重点和核心部分。随着社会的发展，用人单位对毕业生综合素质的要求不断提高，尤其注重毕业生的工作经历。虽然大部分在校生都没有社会工作经历或社会工作经历较少，但在学校期间所担任的社会工作、职务，参加的社团活动，实习，兼职的经历等，足以让用人单位从中窥见其爱好、志趣、组织能力、领导能力及团队协作精神等。

　　（6）所获奖励。在学校学习期间获得的各类奖励，包括奖学金。

（7）职业技能。即专业技能，主要包括与所学专业或者求职岗位相匹配的从业资格证、职业资格证，也包括外语、计算机水平等级证等，另外如取得驾驶执照等也可一并写入。在现代社会，用人单位正在寻找那些具有独特技能的人，更重要的是那些能够不断学习、适应和掌握新技术的人选。因此，毕业生除了达到学校正常教学要求外，如果取得了某方面的资质，或在该方面有过人之处，都要进行客观的自我评价。

（8）个人兴趣、爱好。如果求职者有特殊兴趣、爱好，而且与所求职务有很大的联系，则在同等条件下更容易得到用人单位的青睐。

（9）自我评价。本人对自己的专长、兴趣、性格、能力的评价。

（二）简历的撰写要点

1. 简短

写简历不要事无巨细地罗列自己所有的经历和经验，而要选择其主要的内容做介绍。据调查，用人单位花在每份简历上的平均时间不到 90 秒，要想在这短短的 90 秒内迅速抓住招聘者的眼球，简历必须短小精悍。一般应届毕业生的简历有一页 A4 纸即可。

2. 清晰

简历应一目了然，确保简历的阅读者一眼就能看到他们需要的信息；要使用简单、清晰易懂的语言，而不要写一些高深莫测的语言；尽量不使用缩略语或学生中流行的时髦词汇；打印时应选择合适的字体和字号。

3. 用词准确

从简历中能看出一个人的语言文字功底和修养，而招聘者考查应聘者的文字能力、细心程度等就是从简历开始的。表达清楚、准确、规范、精练，是简历语言的基本要求。

4. 整洁

整洁的简历使招聘者在看到内容之前就已产生好感，这样才能使之产生阅读的兴趣。因此，打印简历时最好用激光打印机打印，并注意保持简历的干净整洁。

5. 真实

撰写简历时既不能夸张自负，也不能过分谦虚，更不能编造，内容要真实。有些简历一看就知道是抄袭他人的，有些甚至是明显的张冠李戴，这样的简历是无法给求职者争取到面试机会的。

求职就业案例

简历信息真实最重要

王某的身高是 171 cm，但他听说很多单位招聘时对身高有要求，于是就在简历里的"身高"栏内填写了"175 cm"。参加招聘会的时候，为了使自己的身高显得与简历相符，他特意穿了一双鞋跟比较高的皮鞋。某知名企业需要招聘管理人员，薪资待遇很好，但要求身高在 175 cm 以上。王某递上了自己的简历后，用人单位还专门强调了身高方面的要求，并问他是否确定自己的身高符合要求。为了通过第一关，王某说他绝对符合，招聘人员也比较满意。

过了几天，该单位通知他前去面试，王某坐汽车颠簸了几个小时来到位于郊区的该单位，结果面试的第一项就是测量身高。由于弄虚作假，王某在面试中第一个就被淘汰了。

资料来源：中国教育在线

启智润心

诚信是大学生应遵守的起码的道德准则。在简历中不要试图编造，多数的谎言在面试过程就会被识破，更何况许多大公司特别是外企，会根据简历和相关资料进行背景调查。不仅是在求职期间，大学生在进入职场后也应树立起诚信意识，要谨记"人无信不立，业无信不兴"。无论修身、齐家、交友，还是求职、工作，诚信都是一种不可缺少的美德。

6. "量身定做"

简历一定要"量身定做"。应聘不同职位，要突出不同特长，重点强调和该职位相适应的某项特别技能。

（三）简历的递送

简历递送的主要方式有本人直接送达、快件或信函投寄、利用网络投送等。

1. 本人直接送达

本人直接送达是指按照用人单位指定的时间将自己的简历直接送达给招聘者。采用此种方式能使求职者利用与招聘者初次面谈的机会展示自己，为自己在众多求职者中脱颖而出创造机会。

2. 快件或信函投寄

快件或信函投寄是指按照指定的时间、地点将自己的个人简历用快件或信函投寄到用人单位。采用此种方式要求在快件或信函的封面上注明"应聘"字样和应聘职位，字迹要工整清楚。

3. 利用网络投送

利用网络投送是指通过电子信箱等将个人简历发给用人单位。这种方式省时省力，节约招聘成本，是目前主要的简历投送方式。

（四）求职简历示例

简　历

【个人概况】

姓　　名：魏民　　　　　　出生年月：1998 年 8 月 1 日

性　　别：男　　　　　　　籍　　贯：山东

毕业院校：××××××　　专　　业：机电一体化技术

毕业时间：2018 年 7 月

联系电话：××××××××××

电子邮件：5566@126.com

通信地址：××职业技术学院 23#××室

邮　　编：××××××

照片

【求职意向】

通用设备制造业、机械设备修理业等机电行业的工程技术人员和管理人员

【教育背景】

2015 年 9 月～2018 年 7 月在××职业技术学院主修机电一体化技术专业

【学校工作经历】

2016 年 12 月　参加院××协会。

2017 年 9 月　任院××协会会长，参与协会策划、组织、协调工作，积累了一定的管理经验。

2018 年 4 月　策划及组织××活动。

【实践与实习】

2017 年 5 月～6 月　在××汽车集团公司跟岗实习，参与生产自动化安装调试工作。

2018 年 1 月～6 月　在××汽车集团公司顶岗实习，独立开展生产自动化安装调试工作。

【专业技术技能】

具备一定的专业技术技能及必备的专业基础知识：机械制图及 CAD、机械设计、液压与气动技术、电工电子技术、机械制造技术。

具备的相关技术技能：机电设备控制技术、可编程序控制器、测试技术、数控设备及维修等。

【外语及计算机水平】

英语：CET-3，能基本阅读本专业技术资料，具备一定的听说能力。

计算机：能熟练使用 Word、Excel、PowerPoint 等办公软件；能熟练运用 PRO/E、UG 软件进行机电产品的设计。

【获奖情况】

第一学年：院优秀团员、院级二等奖学金。

第二学年：院优秀学生、国家励志学金。

第三学年：省优秀学生干部、院社会实践先进个人。

【爱好特长】

喜爱体育运动，曾获院 100 米跑第一名，××市散打比赛亚军。

【自我评价】

本人责任心强，做事认真，乐于助人，有一定的统筹安排能力；喜欢接受新鲜事物，勇于接受挑战，具备较强的处理问题能力；能吃苦耐劳，有较强的团队协作精神。

三、其他材料

除了求职信和求职简历外，毕业生还应提前准备以下材料。

（一）毕业生就业推荐表

毕业生就业推荐表由学校每年为应届毕业生择业而专门设计，是学校对毕业生在校期间情况的反映，供毕业生向用人单位推荐就业时使用。学校就业指导中心印制下发、毕业生填写后由教务部门对学业成绩鉴定签章、学工部门对在校综合表现审核签章后生效。

就业推荐表是向用人单位推荐毕业生唯一正式的校方推荐材料，也是被用人单位认可的学校正式推荐材料，具有不可替代的权威性。用人单位在与毕业生正式签约前，一般都要求毕业生提交由学校就业指导部门签章的就业推荐表原件。

毕业生就业推荐表的填写要求如下：

（1）严格按照推荐表要求填写相关项目，不要漏填，所填内容务必详细、准确、真实；务必用黑色签字笔填写，不要用彩色笔、圆珠笔填写，勿打印。

（2）使用统一、规范、标准的学校和专业等名称的全称，避免使用简写称谓。

（3）"自我鉴定"内容就本人在大学学习期间的思想、学习、工作、生活等方面的表现作综合自我评价，请认真填写，要求书写工整、内容完整，最后亲笔签上本人名字。

（4）"本人求职意愿"由学生本人根据自己的实际求职情况填写。

（5）推荐表最后一项内容"成绩单"由教务处出具，各院系与教务处联系。

（6）院系推荐意见由各院系负责人认真详细填写，加盖本院系公章。

（7）在院系加盖公章后，以班或院系为单位到学生处就业指导中心加盖"同意推荐"章及学校公章。

（二）成绩单

多数用人单位在毕业生应聘时，会向毕业生索取其在校期间的成绩单，所以毕业生应当提前准备。毕业生打印成绩单后，应以班级为单位到所在院系办公室由工作人员进行信息审核后，加盖学院公章；并在教务部门加盖学生成绩专用章。毕业生在应聘时提供成绩单复印件，在正式签约时，将原件交予签约单位。

（三）证书及证明

毕业生在求职过程中，应整理和出具在校期间所获得的各类获奖证书、资格证书，开具参与的科研项目证明材料，并随身携带这些材料，以备用人单位随时查验。

（四）作品集

作品集是毕业生在校期间学习成果的一种直观展示，不同学科类别的学生，其作品集的表现形式是不一样的。

1. 美术、设计类专业

这些专业的毕业生可以将自己的绘画和作品、设计作品进行拍照和缩印，装订成册，并在作品下方予以简要的说明和介绍。如有必要，可以采用彩色印刷，以保证作品的视觉效果。

2. 工学、理学、农学类专业

这些专业的毕业生可以将自己参加的各类工程、设计类项目以"图片+设计说明书"的形式加以展现。若参与的项目较多，可单独装订成册；反之，也可附在简历之后。

3. 经管、舞台艺术、法律、医卫类专业

这些专业的毕业生由于专业水平的表现形式更多地集中于实习实践过程中，所以作品集要以"图片+说明+图表"的形式加以体现。其中，图片与说明要表述的是经历、水平及意义；而图表更多地用在业绩的表现中。

拓展阅读

让你的简历更出众

现在的情形是：在发布招聘信息的 1 h 后，已经有 150 多份的简历塞满了人事经理的邮箱。你怎样才能脱颖而出呢？在这篇文章中，我们将介绍四个小技巧，以帮助你写一封结构合理、令人印象深刻的简历。这样，你的简历才醒目、突出，你也将成为人事经理的首选。

1. 使用标准化的字体

在大多数情况下，人事经理希望在大量简历中很快发现具备所需技能的人选。你的最佳选择是中文用宋体，英文用 Times New Roman 字体。这两种字体便于阅读。字体大小最好为 10 磅至 12 磅。但无论你选择哪种字体，请保持字体风格的一致性，这样会让简历看起来更美观大方。

多种字体会使页面看起来拥挤杂乱，会让人怀疑你的组织能力。不过，若你申请的是一项富有创造力的职位，例如平面造型设计，就不必拘于这些规则了，你可以充分展现你的创意魅力。

2. 将最重要的信息写在开头

如果一位人事经理要在很短的时间内（15～20秒）阅读你的简历，他会将目光集中于简历的前半部分（有点类似于你阅读报纸的新闻提要）。他们希望能一眼发现合适的人选。如若不然，你的简历将被扔到一边，经理们会继续阅读下一封简历。将你最重要的专业技能和工作经验写在简历的突出位置，经历经验是简历的重点。建议把职责概括成一两句，侧重在取得的业绩上，多用数字。比如用了1个月招聘到了30个新员工，开辟的新的招聘渠道节省猎头费用15万/年。

数数看，你的简历上有多少数据（业绩、用户数、节省成本、市场份额……）。再数数简历上有多少形容词（勤奋、负责、向上、有团队精神……人人可自夸，所以形容词要来自第三者才有用）。每个数据加五分，每个形容词扣一分。

简历的小标题包括：联系信息，主要资质，工作经验，相关志愿工作与其他经历，教育背景以及奖励情况。

3. 不要太死板

简历不仅仅显示了你的经验和技能，也展现了你的个性。在叙述已取得的成果时，你一定要自信、从容。简历要尽量写得开放、自然、专业且具有个性，这会让对方觉得你像久违的朋友。另外，你要尽量表现出在自己专业领域的博学，并能引起对方的兴趣。千万不要让简历变成枯燥无味的文件。

4. 定期整理你的简历

要重申一下，好的简历应该格式整齐，有留白，让人赏心悦目。求职的信息要尽量写在一页纸上（如果你在专业领域有五年以上的工作经验，可以用两页纸）。绝对不要有错字、漏字或语法错误——否则你的简历将立即被扔进垃圾桶里。

好的简历是要经过长时间打磨的，记得常常检查你的简历，在适当的时候更新信息。任何一封求职申请都不会是最终版本，认真研究招聘的职位描述，和这个职位无关的内容不要写，有关的好好写。陈旧的简历会让你很快被淘汰出局。

探索活动

小组讨论

活动目的：

进一步了解求职信和求职简历，掌握其撰写要点。

活动内容：

（1）分组。5～6人为一组，设组长一名，负责活动的整体安排。

（2）各小组通过网络或其他途径，搜寻2～3份求职信和求职简历。

（3）组长组织小组成员对这些求职信和求职简历进行讨论分析，找出其特色和亮点，分析其不足并提出改进建议。

活动检测：

活动结束后，教师可根据表4-3进行评分。

表4-3　探索活动评价表

评分标准	分值	实际得分	备注
积极参与讨论	25		
能够准确分析求职信和求职简历中的特色和亮点	25		
能够指出求职信和求职简历中的不足	25		
能够针对求职信和求职简历中的不足提出合理的改进建议	25		
总分	100		

能力训练

撰写求职信和求职简历

（1）根据自身的实际情况及想要应聘的岗位，撰写一封求职信，制作一份求职简历。

（2）根据你所撰写的求职信和制作的求职简历，完成以下任务：

① 与你的同学进行交换，看看你的求职信和求职简历是否与他人的雷同。

② 想一想你的求职材料中是否体现了自己的亮点。

③ 请同学对你的求职材料提出建议。

④ 修改你的求职材料。

第三节　掌握求职技巧

案例导入

粗心导致面试失败

李军是某高校市场营销专业的一名应届毕业生，他看中了一家合资公司的销售经理职位，经过两轮面试后，顺利进入最后的面试。为此，李军进行了精心准备，还特意买了一套西服。面试时，李军对问题的回答让考官比较满意。这时考官要看他的一次实习鉴定资料，由于资料没有整理，一时没有找到，李军心里一慌，资料撒了一地；好不容易找到后，李军慌乱中又将考官的茶杯碰倒了，心中一急，一句脏话就出来了。这时，主考官面露愠色。

总算挨到面试结束，李军长吁了一口气，可马上又慌了，原来离开时过于匆忙竟将毕业证遗落在考场，李军只好厚着脸皮敲门拿回了自己的毕业证。这时众考官再也受不了，大笔一挥，便将李军的名字从录用的名单中划掉了。

资料来源：百度文库

问题与思考：
面试前需要做好哪些准备？面试时有哪些需要注意的地方？

知识学习

一、笔试

所谓笔试，就是用人单位为考查应试者是否具备招聘岗位所需知识和技能，而采用书面形式对求职者所掌握的专业理论知识与技术技能，以及文化素养等综合素质进行的有据可查的测试。

企业笔试的那些事

（一）笔试的种类及内容

1. 专业能力考试

这种考试主要是检验应聘者担任某一职务时能否达到所要求的专业知识水平和相关的实际能力。

2. 智商和心理测试

智商测试主要为一些著名跨国公司所采用，该类公司对毕业生所学专业一般没有特殊要求，但对毕业生的素质要求较高。它们认为，专业能力可以通过公司的培训获得，因此有没有专业训练背景无关紧要，但毕业生是否具有不断接收新技术、新知识的能力是至关重要的。

心理测试是用事先编制好的标准化量表或问卷要求被试者完成，根据完成的数量和质量来判定其心理水平或个性差异的方法。一些特殊的用人单位常常以此来测试求职者的态度、兴趣、动机、智力、个性等心理素质。

3. 命题写作

这种考试的目的在于考察应试者的文字表达能力、分析能力和逻辑思维能力。例如，要求应试者限时写出一份会议通知、某项工作请示或情况总结，也可以提出一个论点，请应试者予以论证或批驳等。

4. 国家公务员考试

国家机关录用公务员，一律经考试录用。其笔试包括《行政职业能力测验》《申论》。

（二）笔试前的准备

求职者在接到笔试通知时要做好充分准备。笔试前的准备工作主要包括知识准备和身心准备。

1. 知识准备

不同类型的笔试有不同的考试内容，毕业生在考前应详细了解，针对不同的情况做相应的准备。一般进行笔试的知识准备时应注意以下几个方面。

（1）学以致用，理论联系实际。现在的求职考试很多是考查学生运用所学知识解决实际问题的能力。因此，应试者平时应注意培养运用所学的知识分析、解决问题的能力和实际的动手能力。

（2）提纲挈领，系统掌握。把与招聘职位相关的各方面知识进行认真梳理，以便全面掌握。注意提纲挈领，掌握重点，提高效率。

（3）多读多练，提高阅读能力。复习时广泛阅读相关知识，扩大知识面，提高阅读能力，以备应试时能应付自如地回答各类问题。

（4）敏锐思考，提高快速答题能力。笔试不仅考查知识的储备，更要求答题的速度。招聘考试中的题量较大，应试者还应该注意培养自己快速阅读、快速思维、快速答题的能力。

2．身心准备

求职笔试虽然不同于高考，但却是用人单位挑选应聘人选的重要参考。参加笔试，需要良好的心理素质。临考前，一要正确评价自己，树立自信心，调整好心态；二要保持充足的睡眠，不能因考前的复习任务重而放弃休息，导致临场考试时精力不足，发挥不出正常水平。还可以适当参加一些文体活动，从而使高度紧张的大脑得到放松和休息，以充沛的精神去参加考试。

另外，还要准备好笔试需要的一些物品，如身份证、准考证、钢笔等；提前熟悉考场环境，熟记考场注意事项，尽量按要求做好。

（三）笔试的技巧

笔试过程中要掌握一些基本方法和技巧。

1．增强自信心

笔试怯场，大多是缺乏自信所致。要客观冷静地对自己进行正确评估，克服自卑心理，增强自信。应聘笔试与高考不同，高考是"一锤定音"，而求职应聘考试则可能会有多次机会。考试前应适当放松心情，调整好精神状态。

2．科学答卷

（1）浏览全卷。领到试卷后，首先要浏览一遍卷面，大致了解试卷的题量和难易程度，以便掌握答题的速度。

（2）先易后难。根据先易后难的原则排出答题的顺序。遇到难题时，不要死抠不放。先攻相对简单的题，后攻难题。这样就不会因攻克难题浪费太多时间而失去做简单的题的机会。

（3）精心审题。笔试时要切实弄清题目要求，逐字逐句弄清题意，然后按要求答题。如遇论述题或作文题，落笔更要慎重，切不可下笔千言，离题万里。

（4）把握主次。如果见到简答题是自己准备较充分的，就洋洋洒洒写了上千字，而论述题却只随便写了几十个字，这样不分主次、轻重，成绩自然会受到影响。

（5）融会贯通。笔试中的论述题和应用题，是考核求职者运用掌握的知识来分析问题、解决问题的能力，求职者在考试时要积极思考，广泛联想，将已学过的相关内容相互联系起来并进行比较分析，找出正确答案。

值得特别注意的是，卷面必须做到字迹端正、卷面整洁。因为招聘单位往往从卷面上联想应聘者的思想、品质、作风，字迹潦草、卷面不整的人，招聘单位仅从卷面上就能感受到答题者对该考试的不重视；而那些字迹端正，答题一丝不苟的人，会被认为态度认真，作风细致，进而被招聘单位青睐。

求职就业案例

试题的秘密

一群毕业生都是经过了多次筛选的佼佼者，现在，他们正面临着最后的考验，一场定时 10 分钟的考试。谁通过了，便可进入这家大型建筑公司工作。

试卷共 30 题，面宽而量广，这完全出乎大家的意料，这么多题，10 分钟时间根本不够。许多人一拿到试卷便半秒也不敢耽搁慌忙抢做，全然不顾监考人员"请大家先将试卷浏览一遍再答题"的忠告。

试卷在 10 分钟后收齐，人事经理亲自批阅，从中挑出 5 份试卷。这 5 份卷面有一个共同特点，即 1~28 题全部未做，仅回答了最后两道问题，而其他试卷的答案情况要好很多，做了前面不少题，最多的做了 12 道题。这家公司最后录用了这 5 位仅答了最后两道题的年轻人——原来秘密就藏在第 28 题中，它的内容是：前面各题均无需回答，只要求做好最后两题。

资料来源：生活日报网

启智润心

此案例表明，用人单位对求职者的考查无处不在，参加笔试时一定要注意知悉并遵守考试规则和要求，养成按照要求科学答卷的良好习惯。

二、面试

面试是招聘单位为了更好地了解应聘者的职业素质而设计、以交流和观察为主要手段、与应聘者面对面进行的一种测试方式。它不仅能考核一个人的业务水平，而且可以面对面观察求职者的应变能力等，所以许多用人单位对这种方式更感兴趣。

（一）面试的种类

面试有很多类型，大致可以分为以下几种。

1. 问题式面试

由招聘者按照事先拟订的提纲考查求职者在特殊环境中的表现，考核其知识，判断其解决问题的能力，从而获得有关求职者的第一手资料。

2. 压力式面试

由招聘者有意识地对求职者施加压力，就某一问题或某一事件进行一连串的发问，详细具体且追根问底，直至其无以对答。此方式主要观察求职者在特殊压力下的反应、思维敏捷程度及应变能力。

3. 随意（自由）式面试

招聘者与求职者海阔天空、漫无边际地进行交谈，气氛轻松活跃、无拘无束，双方自由发表言论，各抒己见。此方式的目的是在闲聊中观察应试者的谈吐、举止、知识、能力、气质和风度，对其做全方位的综合素质考查。

4. 讨论式面试

讨论式面试近来成为许多企业偏好的一种面试形式。即一组求职者围绕一个问题进行讨论，面试官根据每个面试者的表现和结果选择录用对象。这种形式可使求职者更自然地展示自己的性格和能力。

5. 情景式面试

由招聘者事先设定一个情景,提出一个问题或一项计划,请求职者进入角色模拟完成,其目的在于考核应聘者分析问题、解决问题的能力。

6. 综合式面试

招聘者通过多种方式考查求职者的综合能力和素质,如用外语与其交谈,或要求即时作文或写一段文字,或即兴演讲,或操作计算机等,以考查其外语水平、书面及口才表达等各方面的能力。

7. 隐蔽式面试

这是一种特殊形式的面试,招聘者主要通过暗中观察求职者的言行举止来决定对其的评价。这种方式因其隐蔽性可以使招聘者获得应聘者在自然状态下的真实表现,故受到一些用人单位的欢迎。而应聘者常常因为其隐蔽性而放松警惕,有的甚至在这种面试中失败了也懵然不知。

求职就业案例

意想不到的电话

几天前,周文静向一家酒店投了简历,应聘职位是酒店前台。对方问了几个简单问题后,微笑着对周文静说:"你的条件非常适合这项工作,我们会尽快通知你参加复试。"回到学校,周文静正在吃饭时,突然手机响了。"喂,谁啊?"周文静放下筷子开口问道。"您好,请问是舒兰吗?"电话的另一端传来一阵温柔的声音。"你打错了!"周文静没好气地回答。"那您是谁呢?"周文静心想,真是太讨厌了,打错了还纠缠不休,于是生气地说:"我姓周,你这人是不是有毛病啊,明知打错了还问!""噢,是周文静吗?对不起,我打错了。"

三天后,那家酒店还没通知周文静去参加复试,于是周文静打电话过去询问。对方说:"我们已经通过电话面试过你了,你已经被淘汰了。作为酒店前台不仅要善于沟通,还要善于倾听,要有耐心、有礼貌,这样才能和客户进一步交流,更好地为客户服务。"这时,周文静才如梦初醒,难怪对方知道她的名字呢!

资料来源:豆丁网

启智润心

周文静同学"电话面试"的失败教训告诉我们招聘面试的形式是多种多样的,对此,毕业生要有所认知和准备。另外,无论哪种形式的面试,都是对学生已具备的综合素质或专业技能的检测,因此,大学生在平时就要不断提高自己的综合素质和修养,不但要学好如何"做事""做学问",更重要的是要学会如何"做人",这样才能从容应对各种"检验"。

（二）面试的内容

面试的基本内容主要包括以下几项。

1. 仪表风度

仪表风度是指求职者的体型、外貌、气色、衣着举止、精神状态等。研究表明，仪表端庄、衣着整洁、举止文明的人，一般做事有规律、注意自我约束、责任心强，求职者应该注意着装得体，举止文雅、大方，表情丰富，回答问题要认真、诚实。

面试时的基本
着装礼仪

2. 求职动机

求职动机主要考查求职者为何希望来应聘，对哪类工作最感兴趣及在工作中追求什么。求职者应准确判断招聘单位所能提供的职位或工作条件等能否满足其工作要求和期望。

3. 工作态度

工作态度既包括求职者对过去学习、工作的态度，也包括其对应征职位的态度。在过去学习或工作中态度不认真，做什么、做好做坏无所谓的人，在新的工作岗位上也很难做到勤勤恳恳，认真负责。

4. 专业知识

专业知识主要考查求职者掌握专业知识的深度和广度，其专业知识更新是否符合所要录用职位的要求。作为对专业知识笔试的补充，面试对专业知识的考察更具灵活性和深度，所提问题也更接近空缺岗位对专业知识的需求。

5. 实践经验

招聘者一般通过查阅求职者的简历或求职登记表，进行相关的提问，考查求职者有关背景及过去工作的情况，以补充、证实其所具有的实践经验。通过对其工作经历与实践经验的了解，还可以考察求职者的责任感、主动性、思维力、应变能力、口头表达能力及综合分析能力等。

求职就业案例

快速反应助她赢得工作

一合资企业到某高校招聘 3 名销售化妆品的业务员。该化妆品系列在市场上很受欢迎，而且公司还规定：业务员除了有较高的底薪外，还有一定比例的销售奖。当时，有许多学生都想来试试运气。其中有个长得不算太漂亮、脸上还有些雀斑的女生也报了名，经初步面试，该女生和另外 4 名同学一起入选。

为慎重起见，主考官们又进行了复试。复试采用的是场景模拟演示法，即让学生充当业务员，主考官当客户，当"业务员"按常规向"客户"介绍了产品之后，有个"客户"突然说："你说这个化妆品很好，还有祛斑养颜的作用，那你脸上为什么还有这么多雀斑？""业务员"听了一愣，但马上笑了笑："小姐，您不知道，我脸上的雀斑以前还要多，就是用了本产品之后，才变成现在这样少的。""客户"满意地笑了，高兴地对"业务员"说:"不错，你很有勇气，很会说话，非常适合干这一行。"因此，她幸运地被录用了。

资料来源：百度文库

启智润心

面试对求职者的考查是多方面的，因此，大学生在平时的学习生活中要注意积累，不断提升自身的专业技能和综合素质。自身的专业技能和综合素质提高，灵机应变等能力自然也会增强。

6. 品德

主要在于考察应试者责任感是否强烈，能否令人信任地完成工作；考虑问题是否偏激；情绪是否稳定；对于要求较高深的业务能否适应。被试者回答时应该突出自己的自信心，坚强的意志，强烈的责任感，表明自己事业上的奋斗目标及愿意为之努力的决心。

7. 其他问题

面试时主考官还会向应试者介绍本单位及拟聘职位的情况与要求，讨论有关工薪、福利等应试者关心的问题，以及回答应试者可能问到的一些其他问题。

想一想

在上述面试所考核的内容中，你还有哪些不足？你将如何完善这些不足之处？

（三）面试前的准备

古语云："凡事预则立，不预则废。"面试前的准备相当重要，大致有以下几个方面。

1. 准备好合适的服饰

大方得体的服装可以展示自身形象，给人留下良好的第一印象，而不修边幅、衣着邋遢则会影响自己的形象。面试着装的基本要求是：整洁、大方、合体、符合职业特点。

到单位应聘时，男生一般宜穿西装，这样显得成熟、稳重。女生宜穿套装或连衣裙，不要穿露背装、吊带裙等；妆容要自然淡雅，不要浓妆艳抹。

2. 深入了解用人单位

俗话说："知己知彼，百战不殆。"因此，在面试前了解用人单位的情况非常有必要。一般来说，毕业生可通过用人单位的内部宣传资料、网站、杂志、报纸、广告宣传手册和新闻媒体的报道等渠道来了解用人单位的性质、规模、特色、组织机构、财务状况、发展前景、企业信誉等情况；了解用人单位对员工的职责、工作要求及给予员工的报酬、培训等情况；了解用人单位招聘职位的性质、工作内容、所需知识和技能。若事先对这些情况一无所知或知之甚少，则在面试时容易处于被动的境地，也容易对用人单位招聘人员造成"你不关心我单位"的不良印象，从而影响面试成绩。

求职就业案例

你可以走了

身为某外资企业市场总监的李先生，提起 8 年前大学毕业的第一次面试，他记忆犹新。

当时，李先生早早地做好了充足的面试准备。无论是求职信、个人简历，还是自己的着装，都请教过很多人，可以说是很完美。而且，他事先也做了充分的心理调适，所以心态上也很放松。

面试的时候，无论是说自己的经历还是谈技术，从主考官的表情来看，对他都非常满意。40 分钟的面试就要接近尾声了，突然主考官问："李先生，我看您事先做了很充分的准备，说明您对我们公司和这份工作很重视。那您知道我们公司是哪一年成立的吗？"

"哪一年成立的？"李先生一下子懵了。半晌，李先生一脸尴尬地说："对不起，这一点我还没来得及进行足够的关注……"主考官手一挥："好了，李先生，你可以走了。"

资料来源：百度文库

启智润心

李先生的面试经历告诉我们，面试前我们不仅要总结自己各方面的情况，还要了解用人单位的基本情况，"知己知彼"才能"百战不殆"，迎接面试的挑战。在日常学习与生活中，大学生也要做到知己知彼：对自己的能力和条件有充分的了解，这叫作"知己"；对面临的困难与挑战胸有成竹，这叫作"知彼"，这样才能切合实际、从容应对生活的种种历练。

3．充分准备材料

参加面试要带好求职信、个人简历、成绩单及有关证书（正本和复印件）等材料。如果应聘外资企业，最好将求职信、个人简历等材料准备为中英文对照格式。即使曾经发过求职信和个人简历，也应该再带上一份材料，以备用人单位查看。并且，所有准备好的文件都应该按顺序整理，以便取用。

4．面试前的心理准备

面试不仅是对应聘者知识和能力进行的测试，也是对应聘者心理素质的考察。不管竞争多么激烈，也不管你本人是否乐意去面试，你必须尽力而为，因为这是求职成功极为重要的途径。

在面试前或过程中要克服不良心态，如自视甚高、无所谓、自惭形秽等心态，正视自身的缺陷，一分为二地对待自己。要具备良好的心态，如积极进取、双向选择、输得起的心态，相信"天生我材必有用"，对面试充满必胜的信心。

5．面试中可能谈论到的问题的准备

面试中提出的问题是多方面的，应聘者应了解、熟悉一些常见的面试试题，掌握一些应对的策略和技巧，增强应对面试的能力，提高成功的概率。

具体来说，无论何种单位，在面试中经常提出的问题有以下几方面：首先，在工作动机与志向方面，常见的问题有：你为什么来我们单位应聘？你心目中的理想工作是什么？你希望自己以后在我们单位有什么发展？其次，在求职条件和特长方面，常见的问题有：给我一个聘用你的理由？你的优势是什么？如果聘你到别的岗位你是否愿意？最后，在薪酬待遇方面，常见的问题有：你希望得到什么样的薪水待遇？你是否愿意加班或出差？

面对错综复杂的问题，首先要弄清考官的考察意图，然后确定答题思路。

（1）考虑问题要全面。如谈到"你的优势是什么？"主试人常借此问题考察应试者是否能客观评价自己，是否诚实。应试者要如实说出自己的优势，也要敢于说出自己的不足，说不足时要把握尺度，介绍优势一定要用事实说话。

（2）表达要讲究策略。如需对公司或个人存在的问题进行评价，一定要注意选择，根据具体情况，可以选择那些比较明显的问题，也可以选择那些有针对性的问题；要懂得回避过于敏感的问题；要注意把握尺度，不宜过度强调问题。

（3）敏感问题要谨慎。如谈论薪水待遇时，要认识到薪水待遇问题既是敏感问题，也是实际问题，所以既不能太急功近利，也不必唱高调；语气和措辞要委婉；要留有余地；还要着眼于未来的发展。

6. 面试训练准备

刚毕业的求职者缺乏求职面试的经验，在面试前有必要进行一些面试技巧训练，这些训练包括学习聆听、敏捷反应、沉着应对、说话具有条理性、举止得体面试礼仪等。毕业生可以通过就业指导课或讲座、查阅有关面试的指导书籍、模拟面试等途径进行学习和训练。

（四）面试的技巧

1. 谦虚谨慎

面试时，对方往往是多数人，其中不乏行家里手、技能大师，因此，应试者在回答一些比较有深度的问题时，切不可不懂装懂，不明白的地方就要虚心请教或坦白说不懂，这样才会给用人单位留下诚实的好印象。

2. 机智应变

面试时经常会遇到这些情况：未听清问题，听清了问题自己一时不能作答，回答时出现错误或不知怎么回答，这些情况都可能使应试者处于尴尬的境地。避免尴尬的技巧是：对未听清的问题可以请求对方重复一遍或解释一下；一时回答不出可以请求主考官提下一个问题，等考虑成熟后再回答前一个问题；遇到偶然出现的错误，也不必耿耿于怀而打乱后面问题的思路。

3. 扬长避短

每个人都有自己的特长和不足，无论是在性格上还是在专业上都是这样。因此在面试时一定要注意扬我所长，避我所短。必要时可以婉转地说明自己的长处和不足，用其他方法加以弥补。

4．显示潜能

面试的时间通常很短，求职者不可能把自己的全部才华都展示出来，因此要抓住一切时机，巧妙地显示潜能。例如，应聘会计职位时可以将正在参加计算机专业的业余学习情况"漫不经心"地讲出来，可使对方认为你不仅能熟练地掌握会计业务，而且具有发展会计业务的潜力。要注意的是，显示潜能时要实事求是、简短、自然、巧妙，否则也会弄巧成拙。

（五）面试的礼仪

礼仪是人类生活的润滑剂，也是彼此和谐相处的共同语言。在求职面试时，礼仪是毕业生呈给招聘单位的"名片"，是一个人修养、道德的外在表现。因此，毕业生应把握面试的基本礼仪，给对方留下良好的"第一印象"。

1．守时守约

一旦和用人单位约好面试时间后，一定要提前5～10分钟到达面试地点，以表示自己的诚意，给对方以信任感，同时也可调整自己的心态，做一些简单的仪表准备。为了做到这一点，一定要牢记面试的时间、地点，有条件的同学最好能提前"踩点"，以免因找不到地方或途中延误迟到而给招聘者留下不好的印象，甚至会失去面试的机会。

2．举止得体

进入面试场合时不要紧张。如门关着，应先敲门，得到允许后再进去。开关门动作要轻，以从容、自然为好。见面时要向招聘者主动打招呼问好致意，称呼应当得体。在用人单位没有请你坐下时，切勿急于落座。用人单位请你坐下时，应道声"谢谢"。坐下后要保持良好体态，切忌大大咧咧，左顾右盼，满不在乎，以免引起反感。离去时应询问"您还有什么要问的吗？"得到允许后应微笑起立，道谢并说"再见"。

3．言谈从容

对用人单位的问题要逐一回答。对方给你介绍情况时，要认真聆听。为了表示你已听懂并感兴趣，可以在适当的时候点头或适当提问、答话。回答主试者的问题，口齿要清晰，声音要适度，答话要简练、完整。一般情况下不要打断用人单位的问话或抢问抢答，否则会给人留下急躁、鲁莽、不礼貌的印象。问话完毕，听不懂时可要求重复。当不能回答某一问题时，应如实告诉用人单位，含糊其辞和胡吹乱侃会导致面试失败。对重复的问题也要有耐心认真回答。

4．保持良好形象

在整个面试过程中，要保持举止文雅大方，谈吐谦虚谨慎，态度积极热情。如果用人单位有两位以上主试人时，回答谁的问题，你的目光就应注视谁，并应适时地环顾其他主试人以表示对他们的尊重。谈话时，眼睛要适时地注意对方，不要东张西望，显得漫不经心，也不要眼皮低垂，显得缺乏自信。与用人单位就某个问题进行激烈的争辩也是不明智的举动，冷静地保持不卑不亢的风度是有益的。有的用人单位专门提一些无理的问题试探你的反应，这时，应保持足够的理智，因为一旦处理不好，就会乱了方寸，影响面试的效果。

5. 面试的后续礼仪

许多求职者只留意面试时的礼仪，忽略了面试后的善后工作。事实上，面试结束并不意味着求职过程的完结。求职者不应被动地等待聘用通知的到来，而应在面试结束两三天之内，向招聘人员打个电话或写封感谢信，其内容包括：对招聘人员表示感谢；重申你对应聘职位仍然十分感兴趣；你能为公司的发展做出具体的贡献；你希望能早日听到公司的回信。这样做不仅是出于礼貌，也增加了求职的成功率。

求职就业案例

面试迟到了，怎么办？

在企业工作的时候，曾经听说过一件趣事。那是一次面试，一位姓沈的女士前来应聘办公室文员一职。由于之前已和沈女士约定了面试时间，于是两位面试官正襟危坐，静候沈女士到来。结果，左等右等，只等来一个电话，说她路上塞车，马上到。不想这个"马上"，足有半个小时！好不容易等到沈女士头发凌乱、大汗淋漓地跑进来，喘完气第一句话就是对不起，然后开始解释。但是解释了半天，面试官还是没有明白，她到底是因为叫不到出租车，还是因为挤不上地铁，还是因为上了地铁错过了出租车……面试官安慰两句，没想到她更紧张了。接下来的面试，让她做个自我介绍，她竟然像小学生背书一样把简历一一背下，当中居然还有背错和背不下去停顿的时候。"对不起，说错了，我再说一下。""喔……""哦……接下来……"结果可想而知。

面试迟到真的没有机会了吗？未必。

曾经有一位李先生前来应聘人力资源管理一职，由于塞车，面试迟到了。当他赶到的时候，发现自己面试顺序排在第二，但此时第三位应聘者已经进入面试室，局面对他极为不利。在等候室，他努力回忆自己应聘的岗位要求，忽然灵机一动，发动其他应聘者，组织做了一个"破冰"的游戏，顿时气氛活跃起来，大家从沉默不语变得有说有笑。此时一位面试官正巧路过，发现等候室的异常后询问前台情况，暗暗点头。面试时没人问迟到原因，李先生也未解释，但他很快得到了录用通知。

资料来源：中国就业网

启智润心

同样面试迟到，为何结果迥异？原因就在于两者迟到之后的心境不同。沈女士迟到之后十分紧张，未能及时调整情绪，并且她应聘的是办公室文员一职，但却由于迟到使自己的仪容受损，未能给面试官留下一个好印象。而李先生迟到之后，虽然也很紧张，但及时地调整好了自己的情绪，并根据自己所应聘岗位的岗位要求组织了"破冰"游戏，让面试官看到了自己的能力。这个案例告诉我们，前去面试时，一定要守时守约，争取给面试官留下良好的第一印象。即使迟到了，也要及时调整自己的情绪，并积极想办法扭转不利局面。

15个经典面试问题回答思路

　　面试过程中，面试官会向应聘者发问，而应聘者的回答将成为面试官考虑是否接受他的重要依据。对应聘者而言，了解这些问题背后的用意至关重要。这里对面试中经常出现的一些典型问题进行了整理，并给出相应的回答思路和参考答案。读者无须过分关注分析的细节，关键是要从这些分析中悟出面试的规律及回答问题的思维方式，达到活学活用。

　　问题一："请你自我介绍一下。"

　　思路：① 这是面试的必考题目。② 介绍内容要与个人简历相一致。③ 表述方式上尽量口语化。④ 要切中要害，不谈无关、无用的内容。⑤ 条理要清晰，层次要分明。⑥ 事先最好以文字的形式写好背熟。

　　问题二："谈谈你的家庭情况。"

　　思路：① 家庭情况对于了解应聘者的性格、观念、心态等有一定的作用，这是招聘单位问该问题的主要原因。② 简单地罗列家庭人口。③ 宜强调温馨和睦的家庭氛围。④ 宜强调父母对自己教育的重视。⑤ 宜强调各位家庭成员的良好状况。⑥ 宜强调家庭成员对自己工作的支持。⑦ 宜强调自己对家庭的责任感。

　　问题三："你有什么业余爱好？"

　　思路：① 业余爱好能在一定程度上反映应聘者的性格、观念、心态，这是招聘单位问该问题的主要原因。② 最好不要说自己没有业余爱好。③ 最好不要说自己有哪些庸俗的、令人感觉不好的爱好。④ 最好不要说自己仅限于读书、听音乐、上网，否则可能令面试官怀疑应聘者性格孤僻。⑤ 最好能有一些户外的业余爱好来"点缀"你的形象。

　　问题四："你最崇拜谁？"

　　思路：① 最崇拜的人能在一定程度上反映应聘者的性格、观念、心态，这是面试官问该问题的主要原因。② 不宜说自己谁都不崇拜。③ 不宜说崇拜自己。④ 不宜说崇拜一个虚幻的或是不知名的人。⑤ 不宜说崇拜一个明显具有负面形象的人。⑥ 所崇拜的人最好与自己所应聘的工作能"搭"上关系。⑦ 最好说出自己所崇拜的人的哪些品质、哪些思想感染着自己、鼓舞着自己。

　　问题五："你的座右铭是什么？"

　　思路：① 座右铭能在一定程度上反映应聘者的性格、观念、心态，这是面试官问这个问题的主要原因。② 不宜说那些易引起不好联想的座右铭。③ 不宜说那些太抽象的座右铭。④ 不宜说太长的座右铭。⑤ 座右铭最好能反映出自己的某种优秀品质。

问题六："谈谈你的缺点。"

思路：① 不宜说自己没缺点。② 不宜把那些明显的优点说成缺点。③ 不宜说出严重影响所应聘工作的缺点。④ 不宜说出令人不放心、不舒服的缺点。⑤ 可以说出一些对于所应聘工作"无关紧要"的缺点，甚至是一些表面上看是缺点，从工作的角度看却是优点的缺点。

问题七："谈一谈你的一次失败经历。"

思路：① 不宜说自己没有失败的经历。② 不宜把那些明显的成功说成是失败。③ 不宜说出严重影响所应聘工作的失败经历。④ 所谈经历的结果应是失败的。⑤ 宜说明失败之前自己曾信心百倍、尽心尽力。⑥ 说明仅仅是由于外在客观原因导致失败。⑦ 失败后自己很快振作起来，以更加饱满的热情面对以后的工作。

问题八："你为什么选择我们公司？"

思路：① 面试官试图从中了解你求职的动机、愿望及对此项工作的态度。② 建议从行业、企业和岗位这三个角度来回答。

问题九："对这项工作，你有哪些可预见的困难？"

思路：① 不宜直接说出具体的困难，否则可能令对方怀疑应聘者不行。② 可以尝试迂回战术，说出应聘者对困难所持有的态度——"工作中出现一些困难是正常的，也是难免的，但是只要有坚韧不拔的毅力、良好的合作精神及事前周密而充分的准备，任何困难都是可以克服的。"

问题十："如果我录用你，你将怎样开展工作？"

思路：① 如果应聘者对于应聘的职位缺乏足够的了解，最好不要直接说出自己开展工作的具体办法。② 可以尝试采用迂回战术来回答，如"首先听取领导的指示和要求，然后就有关情况进行了解和熟悉，接下来制订一份近期的工作计划并报领导批准，最后根据计划开展工作。"

问题十一："与上级意见不一致，你将怎么办？"

思路：① 一般可以这样回答："我会给上级以必要的解释和提醒，在这种情况下，我会服从上级的意见。"② 如果面试你的是总经理，而你所应聘的职位另有一位经理，且这位经理当时不在场，可以这样回答："对于非原则性问题，我会服从上级的意见，对于涉及公司利益的重大问题，我希望能向更高层领导反映。"

问题十二："我们为什么要录用你？"

思路：① 应聘者最好站在招聘单位的角度来回答。② 招聘单位一般会录用这样的应聘者：基本符合条件、对这份工作感兴趣、有足够的信心。③ 如"我符合贵公司的招聘条件，凭我目前掌握的技能、高度的责任感和良好的适应能力及学习能力，完全能胜任这份工作。我十分希望能为贵公司服务，如果贵公司给我这个机会，我一定能成为贵公司的栋梁！"

问题十三："你能为我们做什么？"

思路：① 基本原则上"投其所好"。② 回答这个问题前应聘者最好能"先发制人"，了解招聘单位期待这个职位所能发挥的作用。③ 应聘者可以根据自己的了解，结合自己在专业领域的优势来回答这个问题。

问题十四："你是应届毕业生，缺乏经验，如何能胜任这项工作？"

思路：① 如果招聘单位对应届毕业生的应聘者提出这个问题，说明招聘单位并不真正在乎"经验"，关键是看应聘者怎样回答。② 对这个问题的回答最好要体现出应聘者的诚恳、机智、果敢及敬业精神。

问题十五："你希望与什么样的上级共事？"

思路：① 通过应聘者对上级的"希望"可以判断出应聘者对自我要求的意识，这既是一个陷阱，又是一次机会。② 最好回避对上级具体的希望，多谈对自己的要求。

探索活动

情景小剧场——模拟面试

活动目的：

更加深入地了解面试的内容，熟悉面试前应做的准备，掌握面试的技巧，为顺利找到工作奠定基础。

活动内容：

（1）分组。每6～8人为一组，设组长一名。

（2）各小组可选用任意面试形式，通过查阅相关资料，设计剧情并进行排练。注意剧情设计要符合现实。

（3）可参考的情景：

① 某公司招聘摄像人员 2 名，要求能熟练操作常用摄像摄影设备，并且具备一定的影视资料后期剪辑技能，有一定文字功底者优先。试用期一个月，薪资 2 000 元，单位可包食宿，若能通过试用期可签合同成为正式员工，月薪 3 500 元。

② 某旅游公司招聘民宿管家 1 名，要求专科及以上学历，专业不限，酒店管理、旅游管理等相关专业优先；具有良好的团队合作精神，待人接物落落大方，体贴周到有爱心；认同民宿理念，喜爱山水生活，有茶艺、绘画、园艺等爱好更佳。薪资面谈。

③ 某公司招聘新媒体运营专员 1 名，负责公司公众号等新媒体平台的推广与营销工作，要求专科及以上学历，专业不限，有新媒体运营相关工作经验者优先。

各小组也可根据自己的专业需要设置情景。

活动检测：

活动结束后，教师可根据表4-4进行评分。

表4-4 探索活动评价表

评分标准	分值	实际得分	备注
剧情编排合理，符合现实情况	25		
应聘者能够按照面试要求进行充足准备	25		
应聘者能够掌握面试技巧，遵守面试礼仪	25		
积极参与活动	25		
总分	100		

能力训练

职业形象设计

（1）假设你要去面试一份工作，请自行搭配自己的面试服装（女生需化淡妆）。

（2）讨论交流。

① 你选择的服装是否符合个人气质，应该怎样搭配？

② 不同肤色的同学应该如何进行颜色搭配？

③ 不同体型的同学该选择怎样的服装？

④ 如何根据自己的形象设计发型？

⑤ 女同学在不同场合应该怎样化妆？

⑥ 找出最适合自己的职业形象。

第四节 做好心理调适

案例导入

"优等生"为何会自暴自弃

小周是某高校 2018 届的毕业生，学习成绩较好，连年获得奖学金，甚至还获得过国家奖学金。毕业前，他与同学们一起参加了几次招聘会，眼看同学们一个个"名花有主"，而他不但没有落实用人单位，而且有的用人单位还对他这个"优等生"冷言冷语、不屑一顾，小周心里非常难过。

为什么会出现如此局面呢？小周经过分析，认为找到了原因，比如他来自偏远落后的农村，没有什么可用的关系；个子矮、长相不好；性格内向，不善言辞等。总之，他认为自己除了学习好之外，再也没有其他优势了，而学习好又得不到用人单位的认可，他感到对不起含辛茹苦的父母，自卑感油然而生，害怕再去人才市场。即将毕业时，他没有再迈出校门，多数时间在宿舍睡觉或上网玩游戏。

小周因为学习成绩好，起初他对自己找工作是满怀信心的，但随着求职的失败，他开始找自身的原因，夸大了自身的不足之处，从而产生了强烈的自卑感，进而出现了求职恐惧。其实，小周从开始求职时就是比较盲目的，缺乏对就业形势和具体用人单位的了解，也缺乏对自己全面客观的认识。小周在求职前，应该做好充分的准备，特别是对自我的正确认识。在出现求职挫折时，应进行及时调适，而不是自暴自弃。

资料来源：豆丁网

问题与思考：
小周为何会自暴自弃？求职之前我们应做好哪些心理准备？

知识学习

一、求职心理调适概述

求职心理是指在就业过程中，人们的注意力、兴趣、动机、情感和意志等以各种具体形式所表现出来的倾向性和能动性。

对于大学生来说，求职就业是人生中的一个重要转折点，是大学毕业生实现从学生到社会人过渡的重要一环。及时调适求职心理，保持良好的心态，做好充分的心理准备，对毕业生成功就业具有十分重要的意义。

二、做好求职心理准备

（一）角色转换的心理准备

大学生活即将结束，大学生们也将由学校的学生转变为现实的社会求职者，这种身份的转变就是所谓的角色转换。对于绝大多数学生来说，大学生活相对单纯而有规律，然而社会中的竞争却是残酷的。大学毕业生要抛开浪漫和幻想，要认识到自己所处的真实地位和严酷的社会现实，及时地进行角色调整。只有这样，才能有充分的心理准备去应对激烈的就业竞争。

大学生要清醒地认识到大学时期所学的专业知识、技能是为个人适应社会需要、成为一名合格的社会主义建设者而打下的基础，明确自己只是就业劳动大军中的普通一员。从而及时地进行角色转换和角色定位，积极主动地适应社会需要，在选择社会职业的同时也接受社会的选择，寻找适合自己的位置，正确地迈出人生关键的一步。

（二）正确认识自我，确立恰当的自我定位

世界上没有两片相同的树叶，不同个体之间的差异更是不胜枚举。每个人都有自己特定的气质、性格、兴趣、爱好、能力、特长，这些差异决定了适合自身的职业和职业发展方向的不同。全面了解自己的特点是选择职业的重要前提，作为一名求职者，只有在深入了解自己的基础上才能扬长避短，从而做出适合自己的求职决策。为此，大学生要科学认识自己，及早做好职业生涯规划，脚踏实地地去实现自己的人生目标。

（三）正确的职业认识和评价

正像不同的人适合不同的职业一样，不同的职业对从业人群也有不同的要求。例如，从事推销、公关性质的职业，需要性格外向，有多血质或胆汁质气质特征的人，而在流水线上工作的人最好具有黏液质的气质特征。所以，大学毕业生要对职业要求有一定的认识，选择适合自己的职业。

（四）对求职受挫的心理准备

随着我国教育的发展，大学毕业生人数逐年增加。虽然当前技术型人才就业情形较好，但在求职的过程中难免遭遇失败，因此，大学毕业生要做好求职道路上可能会遇到艰辛和曲折的心理准备。

（五）就业后期望值与现实有差距的心理准备

大多数毕业生是怀着对未来的美好期望离开学校，走向工作岗位的，梦想着在社会这个大舞台上一展身手，实现自己的人生价值。但大学毕业生职业意识的缺乏和工作能力的不足，可能会使其初入职场时受到领导或同事的批评或冷遇，从而失去心理平衡。例如，

部分毕业生将大学时期懒散的生活习惯带到工作中；或过于看重自我得失，不思奉献；或感到工资低，领导对自己不重视而牢骚满腹；或业务不熟练，造成工作差错等。这些情况都可能使意气风发的毕业生受到批评或冷遇，感到冤枉、委屈。遇到这样的情况，有的毕业生能够冷静下来，分析原因，亡羊补牢，不断进步；但也有人一气之下"跳槽"走人，造成不必要的损失。因此，大学毕业生要对期望值与现实的差距有一定的心理准备，宠辱不惊，不断完善、提高自己。

三、常见求职心理问题及调适

（一）常见的求职心理问题

部分毕业生在求职择业过程中，由于对自我认识不足、社会定位不准，容易出现一些心理偏差，主要表现如下。

1. 焦虑心理

焦虑是一种紧张不安或恐惧的情绪状态，焦虑心理多是因为不能实现目标理想或者不能避免某些危险而引起的。高职毕业生焦虑心理产生的因素主要有以下几个方面。

第一，缺乏对纷繁复杂的现实社会的理性认识，产生了步入社会前的心理恐惧。

第二，缺乏充分的就业准备，对就业的选择犹豫不定，产生顾此失彼的彷徨心理。

第三，缺失择业方向和择业方法，始终不能顺利就业，因择业挫折产生就业焦虑。

过度的焦虑会对毕业生择业就业产生消极影响，它不仅会抑制毕业生的正常思维，而且会使学生的注意力难以集中，记忆力明显减退，从而影响毕业生正常的学习和生活。

2. 攀比心理

在就业过程中，由于每个人生活的环境、家庭背景、能力和性格、所碰到的机遇是不尽相同的，因而在择业目标、职业选择上不具有可比性。而青年学生血气方刚，喜欢争强好胜、虚荣心较强，容易引发攀比心理。表现在求职择业过程中，就是忽视自身特点，对自我缺乏客观正确的分析，不从自身实际出发，不考虑所选单位是否适合自己，而是盲目攀比，不屑到基层工作，总想找到一份超越别人的十全十美的工作，这种攀比心理使得不少毕业生迟迟不愿签约。

求职就业案例

小林是软件与信息服务专业的应届毕业生，开始联系工作时有两家公司可供选择。一家是当地有名的房地产公司，试用期工资3 500元/月，转正后可达5 000元/月；另一家是软件开发公司，名气不大，公司设在远郊，交通不太方便，试用期工资3 000元/月，转正后可达4 500元/月，如果软件设计、改革建议被采纳，可以提成和获得奖金。

小林本来想去软件开发公司，认为这在专业上有很大挑战，但觉得同学找到的工作工资都在4 500元以上，而且单位名声也比较大，如果自己去了一个小公司，大家会认为自己没本事。于是，他最终选择了房地产公司，进公司后才发现其主要任务是打字、数据输入，而自己学习的计算机网络和程序设计等技能都没有用武之地，他非常担心专业退化。

启智润心

小林因为当初的攀比心理而做出了错误的选择，造成如今自己所学知识无用武之地的处境。由此可见，适合自己的才是最好的，在求职择业过程中，我们一定要正确地认识自己，准确为自己定位，不要与他人攀比，以找到最适合自己的工作。

3. 抑郁心理

随着"双向选择"就业制度的确立，大学生的就业压力相对增强，在求职过程中往往因为屡屡遭受挫折，不为用人单位认可和接受，导致情绪低落、愁眉不展的抑郁心理。处于抑郁状态的毕业生，表现为信心不足，过度敏感，生活中稍有不顺心的事，情绪就很难平静。

4. 自负心理

一些大学生对自己的评价过高，认为自己知识丰富、各方面条件不错，理所当然地应该能够得到一份理想的工作。这部分毕业生总是向往高薪水、高职位、高收入，即使找不到合适的单位，也不肯降低就业期望值。这种自负心理对就业的负面影响很大，常常使他们错失良机。

5. 自卑心理

自卑心理主要表现为对自身的素质和就业竞争能力评价过低。有些毕业生虽然也具备了一定的实力和优势，但自卑心理使得自己缺乏竞争勇气，缺乏自信心，不敢主动向用人单位推销自己，不敢主动参与就业竞争，陷入不战自败的困境之中。一旦中途受到挫折，更缺乏心理上的承受能力，总觉得自己确实不行。自卑的毕业生在求职面试中常常面红耳赤、语无伦次，对于面试官提出的问题，谨小慎微、不敢回答，恐怕回答不好问题影响用人单位对自己的印象，以至于畏首畏尾，没能把自身的聪明才智发挥出来。

自卑怎么办

求职就业案例

自卑心理导致屡次择业失败

电子信息工程技术专业的毕业生小刘学习成绩和其他条件都不错，在就业初期满怀信心。但找过几家单位都碰了壁，结果产生了自卑心理，在后来的择业过程中表现越来越差，陷入恶性循环而不能自拔，以至于到了新的用人单位，只能被动地问人家："学某某专业的要不要"，其他什么话都不敢讲，最终未能落实就业单位。

小刘的失败是由于自卑心理在作怪。在择业遭受挫折后，小刘对自己评价过低，丧失了应有的自信心，择业时缺乏主动争取和利用机遇的心理准备，不敢主动、大胆地与用人单位交谈，也就不能很好地表现自己。越是躲躲闪闪、胆小、畏缩，越不容易获得用人单位的好感。

6. 偏执心理

在求职过程中，偏执心理主要表现为追求公平的偏执、高择业标准的偏执和对专业对口的偏执。在就业过程中，大学生在面对一些不良社会风气时，有的学生不能正确对待，将自己就业的一切问题归结于就业市场不公平，给自己造成心理阴影；有的学生不能及时调整就业目标，降低就业期望值，甚至宁愿不就业也不改变；有的学生不顾社会需要，无视专业的适应性，只要不能从事与本专业相关的工作就不签约，这样的偏执心理必然会减少学生就业的机会。

7. 依赖心理

择业依赖心理，是指在择业中缺乏独立意识和自主承担责任的意识。形成择业依赖心理，主要是由于个人独立决策能力不强，缺乏进取精神。有择业依赖心理的学生，往往表现为不主动出击，消极逃避就业市场，抱着等、靠、要的依赖思想，依赖家人通融社会关系，试图通过关系就业；依赖老师、学校送工作上门，总念着"车到山前必有路"，幻想着天上掉馅饼，试图坐等就业；即便有就业岗位选择的机会，也要向千里之外的家长寻求决策帮助、对职业左顾右盼，拿不定主意，以致贻误择业时机。

求职就业案例

自主择业能力差

在某高校举办的小型招聘会上，毕业生小李的父母在招聘会尚未开始时，就早早地到会场打听单位的情况。而小李却在招聘会开始很久以后才到，并全程在家长的陪同下与用人单位面谈。在面谈过程中，小李与用人单位负责人交谈的时间还没有其父母多，结果谈了一家又一家，最终仍一无所获。

资料来源：豆丁网

小李的问题出在择业过程中过分依赖他人，这样是难以找到一份满意的工作的。用人单位需要的是能够独立完成工作的人才，如果你连找工作都依赖他人，用人单位又如何相信你能够胜任工作呢？大学生一定要积极主动地培养和提高独立思考、独立处事的能力。

8.从众心理

学有所成，在服务社会中实现自己的人生理想，是每一位即将走出大学校园的学子的美好心愿。但是，有部分大学生自我定位不够准确，对自己所学专业缺乏深入的了解，对专业的社会需求分析不透彻，并且缺乏一定的自我决断力。这样一来，他们很容易追随他人的脚步，只要是社会上受追捧的职业，不管是否适合自己，是否与自己的专业相关，都竭力去争取。这样的付出，往往只能收获"事倍功半"的效果。这种从众心理使部分大学生丧失了更多良好的就业机会。

（二）求职心理问题的调适

1.客观认识自我，树立正确的就业观

毕业生在择业时，要根据所学的专业和方向，充分了解社会的需求情况，根据自己的职业兴趣、专业特长、实际能力、性格气质特点、家庭情况等去确定就业期望值。

正确认识和评价自我，可以采取以下三种方法：一是社会比较，即将自己与社会上其他人做比较，通过社会上其他人对自己的态度来认识自己；二是自我静思，也叫自我反省，通过反省明确自己的专业发展方向是什么，自己的优势和劣势是什么，自己最适合干什么工作等；三是心理测验，根据自己的需要选择质量可靠的心理测验，如能力测验、人格测验、兴趣测验等，对自己的能力倾向、兴趣和性格进行客观评估，以帮助自己正确认识和评价自己。

大学生压力管理
与挫折应对

2.保持良好的就业心态

择业的竞争也是心理素质的较量，良好的就业心态主要表现在能理智地看待就业问题，冷静地分析就业形势，泰然地面对就业竞争，乐观地摆脱就业挫折。

3.提高抗挫折能力

择业过程中的优胜劣汰是永恒不变的，每个大学生都需要面对，正确看待择业中的困难和失败，培养健康的择业心理。

4.学会运用心理学原理和方法进行心理调适

心理调适，就是运用心理学原理和方法，促使自己的心理和行为积极变化的过程。它能帮助毕业生在求职择业过程中遇到困难、挫折和失败时，及时解除心理冲突，迅速消除心理误区，有效排除心理障碍，从而能以积极心态面对求职择业。大学生就业心理问题自我调适的常见方法如下。

（1）自我转化法。就业中出现不良情绪不易控制时，可以采取迂回的方式，把情感和精力转移到其他活动中去，如参加有兴趣的活动、学习一种新知识技能、假日郊游等，使自己减轻或消除不良情绪的影响，以求得心理平衡。

（2）适度宣泄法。择业时遇到挫折而产生焦虑和紧张时，不能一味地把不良情绪藏在心底，应进行适度的宣泄。忧虑隐藏得越久，受到的伤害就越大。宣泄情绪比较好的办法是，向知心朋友、老师倾诉，以及参加打球、爬山等运动量大的活动。宣泄时一定要注意场合、身份、气氛，注意适度，应该是无破坏性的。

（3）松弛练习法。这是一种通过练习学会放松身心的方法。放松训练可以帮助大学生迅速减轻或消除各种不良的身心反应，如焦虑、恐惧、紧张、失眠、头疼等。择业时遇到类似心理反应，可在专业人员的指导下尝试进行放松练习。

（4）自我安慰法。择业时遇到困难和挫折，尽最大努力仍无法改变时，应说服自己适当让步，不必苛求，找一个自己可以接受的理由来保持内心的安宁，承认并接受现实，以求得解脱。

（5）理性情绪法。情绪困扰并不一定由诱发事件直接引起，常常是由经历者对事件的非理性观念引起的，如果变非理性观念为理性观念，就可消除情绪困扰。例如，个别学生认为"高职学生就业应该是顺利和理想的"，遇到择业挫折便消沉苦闷，怨天尤人，从而产生不良情绪，引发心理问题。如果转变这些错误想法，不良情绪就会得到调适。

拓展阅读

肌肉张弛放松训练

取舒适体位坐好或躺好，开始训练：

第一步：深呼吸。请深吸一口气，然后慢慢地呼出，再做第二遍。

第二步：提眉。尽量提眉，然后放松，体会放松的感觉。

第三步：紧闭双眼，然后放松。

第四步：咬紧牙关，放松。

第五步：低头和仰头。尽量低头将下颌抵住胸口，然后放松；头尽量向后仰，然后放松。

第六步：缩肩和耸肩。双肩向前向胸部靠拢，然后放松；双肩向后肋挺胸，然后放松；再将双肩耸起，然后放松。

第七步：紧握拳头，紧握、再紧握，然后放松。

第八步：提肋。感觉肋骨上提，膈肌下降，胸腔扩大，呼气放松。

第九步：收腹，放松。

第十步：绷紧腿部肌肉，然后放松。

第十一步：翘足。尽量将脚尖抬起，然后放松。

第十二步：全身肌肉放松，体验放松的感觉。

通过肌肉张弛放松训练，可缓解或消除各种不良身心反应，如焦虑、紧张、恐惧、入眠困难等症状，达到心理平衡。另外，在应聘前有紧张或恐惧感时，通过深呼吸或一组、二组肌肉张弛训练，可以达到转移注意力、放松心情的效果。

皮格马利翁效应

皮格马利翁效应（Pygmalion Effect），也译作"毕马龙效应""比马龙效应"或"期待效应"，是指人们基于对某种情境的知觉而形成的期望或预言，会使该情境产生适应这一期望或预言的效应，是由美国著名心理学家罗森塔尔和雅各布森在小学教学上予以验证提出的。

你期望什么，你就会得到什么，你得到的不是你想要的，而是你期待的。只要充满自信的期待，只要真的相信事情会顺利进行，事情一定会顺利进行，相反地说，如果你相信事情不断地受到阻力，这些阻力就会产生，成功的人都会培养出充满自信的态度，相信好的事情一定会发生的。这就是心理学上所说的皮格马利翁效应。

探索活动

课堂讨论

活动目的：

更加深入地了解求职过程中可能出现的心理问题，做好求职心理准备。

活动内容：

（1）根据以下材料，进行讨论。

A 同学：他成绩比不上我，参加的活动也没我多，居然签到一个好单位，我一定不能比他差！

B 同学：找工作靠实力，外表根本不重要。

C 同学：给三四个单位投了简历都没有回音，唉，被打击了，不想找工作了。

请分别对以上三位同学的就业心理做出评判。

（2）想一想自己在求职择业过程中可能会出现哪些心理问题，并与同学进行交流讨论，寻找解决方法。

活动检测：

活动结束后，教师可根据表 4-5 进行评分。

表 4-5　探索活动评价表

评分标准	分值	实际得分	备注
积极参与讨论	25		
能够对所给材料中三位同学的就业心理做出准确评判	25		
能够根据自身实际情况找出自己在求职择业中可能出现的心理问题	25		
能够针对自己在求职择业中可能出现的心理问题，找出合理的解决方法	25		
总分	100		

能力训练

自信训练

训练目的：

通过活动建立自信心，以健康心态面对人生，迎接新的挑战。

活动要求：

（1）分组。每 7～8 个人为一组，设组长 1 名。

（2）各小组分别围成一个圆圈，进行自我介绍。

（3）活动规定，每个人在做自我介绍时，必须包括以下内容：

① 我在什么时候，感觉自己最成功？

② 我在什么时候，感觉自己最好看？

③ 我在什么时候，自我感觉最好？

④ 我在什么时候，感觉自己最有效率？

（4）请各组选出一个代表，向大家介绍一下本小组最具创意的几个回答。

注意事项：

（1）活动开始前，教师应鼓励大家用最有创意的方式回答这 4 个问题，甚至可以是滑稽的。

（2）同学们在介绍时，把握好自己想传达给别人的信息。

第 五 章

维护就业权益

知 识 目 标

➢ 了解大学生就业的基本政策和专项政策。

➢ 熟悉大学生的基本就业权益，掌握维权途径。

➢ 熟悉常见的求职陷阱，掌握规避方法。

能 力 目 标

➢ 在就业过程中，能够运用法律武器维护自身的合法权益。

➢ 能初步签订劳动合同。

➢ 能够识别各类就业陷阱。

素 质 目 标

➢ 自觉强化学习运用就业政策的意识。

➢ 自觉提升劳动法规素养。

➢ 自觉培养从业维权意识。

第一节　熟悉就业政策

案例导入

不懂政策错失机会

毕业生张某在寒假参加 A 市的毕业生供需见面洽谈会，当时有一家国有企业在会场招聘应届毕业生，张某觉得单位位于沿海开放城市，工作环境、工资待遇、发展前景等方面都很有吸引力，而自己也比较符合该单位的招聘条件，经过初试和复试，张某与该单位正式签订了就业协议。

可几天之后，张某却愁容满面地回到学校，向就业指导中心的老师咨询毕业生解约的相关问题。老师问他："张某，你签的单位在班里算是很好的了，怎么还没有报到就要解除协议呢？是不是和单位之间有什么不愉快？"张某说："其实，我和单位之间并没有出现什么不愉快，彼此都挺满意的，只是刚接到了单位人力资源部打来的电话，说由于在招聘时没有注意到市人社局关于接收应届高校毕业生的通知对本年度毕业生引进的相关规定，参照我个人的条件，单位无法为我办理人事关系接收手续。"如此一来，张某只好与原单位解除就业协议，重新寻找工作。

前几天，张某向学校就业指导中心提交了省外就业协议书，他已经和深圳的一家企业签订了就业协议，而且已经完成了人事关系转接的审批手续。回想起这一波三折的就业经历，张某感慨地说："磨刀不误砍柴工，毕业生在找工作时一定要了解清楚各种就业政策，这样才能少走弯路。"

问题与思考：

就业政策对于大学生就业有哪些影响？

知识学习

一、就业政策概述

就业政策是指国家和各级地方政府及学校为促进毕业生就业而制定的一系列政策、方针、规定的总和。就业政策具有导向作用，它可以引导大学生走上正确的择业道路，少走弯路，提高就业成功率。

现阶段，国家采取各种措施引导和鼓励毕业生到边远地区、到西部、到民营企业和合资企业及股份制企业等非公有制单位就业，实行由学校和有关单位推荐、学生和用人单位在国家政策指导下，通过人才市场实现双向选择、自主择业的毕业生就业政策。

二、大学生就业基本政策

（一）拓宽就业领域，着力促进高校毕业生多渠道就业

1. 引导毕业生到基层就业

2017 年 1 月，中共中央办公厅、国务院办公厅印发《关于进一步引导和鼓励高校毕业生到基层工作的意见》，各地各高校积极响应，认真落实基层就业学费补偿贷款代偿、考研加分等优惠政策；配合相关部门组织实施好"特岗计划""大学生村官""三支一扶""大学生志愿服务西部计划"等基层就业项目，结合地方实际适当扩大地方基层项目的实施规模；围绕乡村振兴战略，引导毕业生到现代农业生产、经营等领域就业创业；发挥服务业最大就业容纳器的重要作用，鼓励毕业生到文化创意、健康养老、服务外包等现代服务业就业创业；鼓励毕业生到社会组织就业。对艰苦边远地区县以下基层单位服务期满并考核合格的基层服务项目人员，可择优聘用到服务地乡镇事业单位。

2019 年 7 月，人力资源和社会保障部、教育部、公安部、财政部、中国人民银行联合印发《关于做好当前形势下高校毕业生就业创业工作的通知》，提出对艰苦边远地区县以下基层单位服务期满并考核合格的基层服务项目人员，可通过直接考察的方式择优聘用到服务地乡镇事业单位。

高校毕业生就业创业政策百问

求职就业案例

北京大学首届全科医学硕士专业学位研究生姚弥，毕业后选择留在北京市西城区新街口社区卫生服务中心，成为一名社区全科医生。截至目前，姚弥所在的全科医生团队签订家庭医生服务协议的患者有 1 984 人。他说："很多患者问我以后会去哪儿。我说，只要你们相信我，我会一直待在这里。"

清华大学新闻学院硕士毕业生曾维康，毕业后扎根广西基层，学会了唱山歌，说当地话、吃当地菜、喝当地酒、过当地节，实现了"从外地人到本地人，从青年学生到基层干部，从理想者到实干者"的转变。

南开大学外国语学院翻译系毕业生谢雨杉，在剑桥大学教育学院深造后加入黑土麦田公益，和队友一起服务于湖南省湘西州花垣县雅酉镇扪岱村，致力于乡村的可持续发展，通过帮助农民创业致富，实现"造血式"扶贫。

资料来源：人民网

启智润心

如今，越来越多的大学生选择扎根基层就业。投身基层、服务基层日益成为新时代高校学子的就业新风尚。而这与国家近年来的大力引导息息相关。大学生应与祖国发展同向同行，在生涯规划中明晰个人成长成才的主旋律，在职业规划时立足长远，树立积极的职业观，打造良好的职业素养，将自己的职业理想融入国家发展的时代浪潮中，适应我国经济社会发展的需要、运用好国家政策制度，积极投身到祖国需要的地区和领域。

2. 促进毕业生到中小微企业就业

国家鼓励和支持毕业生到实体经济就业，充分发挥中小微企业吸纳毕业生就业的主渠道作用。积极促进有关部门落实小微企业吸纳毕业生的社保补贴、培训补贴、降税减费等优惠政策，进一步办好全国中小企业网上百日招聘等活动。鼓励和支持高校加强与中小微企业沟通联系，广泛收集中小微企业招聘信息，积极组织中小微企业进校园招聘。

《关于做好当前形势下高校毕业生就业创业工作的通知》提出，对小微企业吸纳离校2年内未就业高校毕业生就业和离校2年内未就业高校毕业生灵活就业的，按规定给予社会保险补贴。

此外，为实现人才培养与企业用人需求之间的无缝对接，越来越多的职业院校根据企业对人才规格的要求，从企业获取人才需求订单，为企业"量身订造"培养高素质技术技能人才。接受"订单培养"的学生，由校企双方共同培养，学生毕业后，经企业考核合格的，直接进入订单企业就业。

3. 服务国家战略，开拓就业岗位

国家鼓励和支持各地各高校主动对接国家经济社会发展的人才需要，围绕"一带一路"建设、雄安新区建设、长江经济带发展、粤港澳大湾区建设、海南自贸试验区建设等，引导毕业生到重点地区、重大工程、重大项目、重要领域就业。积极落实区域协调发展战略，鼓励毕业生到中西部地区、东北地区和艰苦边远地区就业创业。加大对"三区三州"即西藏自治区、四省藏区、新疆维吾尔自治区南疆四地州、四川凉山州、云南怒江州、甘肃临夏州等深度贫困地区的教育脱贫攻坚力度，支持"三区三州"结合实际制定激励政策，引导毕业生到贫困地区就业创业。

4. 拓展新兴业态就业空间

国家鼓励和支持各地各高校结合学科专业特色，主动对接以技术集成和商业模式创新为特点的新业态人才需求，充分利用平台经济、共享经济、数字经济等新业态，引导毕业生实现多元化就业。积极配合有关部门落实相应的社会保障政策和灵活就业、自主创业扶持政策，引导毕业生主动适应新就业形态、新用工方式。

5. 继续做好大学生征兵工作

国家鼓励和支持各地各高校密切配合兵役机关，面向毕业生、在校生、新生开展有针对性的宣传，集中播放征兵公益宣传片，发放应征入伍宣传单。认真落实好预订兵工作机制，为大学生入伍开辟绿色通道，鼓励更多大学生参军入伍。

6．支持大学生到国际组织实习任职

国家鼓励和支持各地各高校加大经费资助、教育教学、升学就业等政策支持力度。结合学科专业特色，加大双语种或多语种复合型国际化专业人才培养力度。将国际组织基本情况、职业发展路径等内容，纳入大学生就业指导教材和课程。进一步完善信息服务平台，及时收集发布国际组织招聘信息，开展专家讲座、政策咨询、社团活动等系列指导服务。鼓励高校与国际组织开展合作交流，进一步拓展实习任职渠道。

7．支持毕业生报考国家公务员

国家行政机关、其他国家机关和参照国家公务员制度管理的事业单位从高等学校应届毕业生中录用国家公务员（工作人员），一律实行考试考核、择优录用的办法。被录用为公务员的毕业生与组织、人事部门签订就业协议书，学校就业指导中心凭就业协议书将其纳入就业方案，并予以办理就业派遣手续。

8．做好定向毕业生就业工作

"定向招生、定向就业"是国家为了保证工作环境比较艰苦的地区和行业能得到一定数量的毕业生而实施的一项政策。定向生在招生时就已经确定了就业动向。因此，原则上，定向毕业生是要到当年国家计划规定的定向地区或单位工作。

定向生毕业后，依招生时确定的地区或部门范围内实行"双向选择"就业。即：主管毕业生分配的部门负责向本地区、本部门有关单位推荐，毕业生选报志愿，用人单位考核录用。如定向地区或部门因情况变化不再需要，定向生可按国家任务招收的学生的方式就业。经教育拒不去定向地区或单位工作的毕业生，须退还所得全部奖学金，补交学杂费，并向学校缴纳部分培养费。定向生的服务期限，一般不应超过 6 年（含见习期 1 年），服务期满，允许其流动。

2019 年 1 月，国务院印发《国家职业教育改革实施方案》，要求落实好定向培养直招士官政策，推动地方院校与军队院校有效对接，推动优质职业教育资源向军事人才培养开放，建立军地网络教育资源共享机制。

定向培养士官是部队与地方院校联合培养部队应用型人才的一项高招专项计划。其学制为 3 年，前 2.5 学年的课程由高校负责，招收部队根据需要对接指导教学，后 0.5 学年为入伍实习期，由招收部队负责，实习结束后由高校办理毕业手续。毕业后由所在部队按照规定权限下达士官任职命令，时间统一为毕业当年 7 月 1 日。

（二）推动双创升级，着力促进高校毕业生自主创业

1．全面深化高校创新创业教育改革

各地各高校将创新创业教育贯穿人才培养全过程，把创新创业教育和实践课程纳入高校必修课体系，促进创新创业教育与专业教育有机结合、与思想政治教育深度融合。开展好大学生创新创业训练计划、中国"互联网+"大学生创新创业大赛和"青年红色筑梦之旅"活动，着力培养学生的创新意识、实践能力和奋斗精神。

2. 落实完善创新创业优惠政策

各级政府有关部门深化商事制度改革，进一步完善落实税费减免、创业担保贷款、创业培训补贴等优惠政策。各高校按照《普通高等学校学生管理规定》要求，进一步细化创新创业学分积累与转换、弹性学制管理、保留学籍休学创业、支持创新创业学生复学后转入相关专业学习等政策，允许大学生用创业成果申请毕业设计答辩。

3. 加大创新创业场地和资金扶持力度

国家鼓励各地各高校加强大学创新创业园、创业孵化基地等创新创业平台建设，为大学生创新创业提供场地支持。支持各高校积极推动各类研究基地、实验室、仪器设备等教学资源向创新创业学生开放。支持有条件的地区积极推进设立高校毕业生就业创业基金，鼓励高校通过政府支持、学校自设、校企合作、风险投资等方式多渠道筹措资金，支持大学生自主创业。

《关于做好当前形势下高校毕业生就业创业工作的通知》提出，放宽创业担保贷款申请条件，对获得市级以上荣誉称号及经金融机构评估认定信用良好的大学生创业者，原则上取消反担保。支持高校毕业生返乡入乡创业创新，对到贫困村创业符合条件的，优先提供贷款贴息、场地安排、资金补贴。

4. 加强创业指导与服务

国家鼓励和支持各地各高校进一步建立健全各级各类大学生创业服务平台，为大学生创业提供项目对接、财税会计、法律政策、管理咨询等深度服务。鼓励各高校聘请行业专家、创业校友、企业家等担任大学生创业团队指导教师，鼓励专业教师、实验室老师全程指导大学生创新创业。

求职就业案例

萌宠市场"弄潮儿"

"去东门吗？"在北京农业职业学院校园里，马俊和迎面走来的同学打了个"暗号"般的招呼。他们说的是该校畜牧兽医系的大学生创业基地。

马俊走进这间位于学校东门口不起眼的平房，里面别有洞天。蜘蛛、蜥蜴、蛇、热带鱼……各色市面上不常见的萌宠都可以在这里找到。马俊的创业项目是饲养宠物蜘蛛，他给网店取了个特色鲜明的名字——"蜘蛛侠的盘丝洞"。

在马俊眼里，这些蜘蛛就是财富。"便宜的每只几元钱，贵的有几千元。"马俊说，学校为了激发学生的创新创业热情，结合本校特色，在畜牧兽医系的一个实训室里开辟空间，发展学生的创业基地。学校还为每个创业项目提供5 000元启动资金。马俊入校时，这个创业基地的团队已经繁育出多种动物，并且通过老生带新生的方式，不断传承。

资料来源：中国教育新闻网

启智润心

创业是解决毕业生就业的重要途径之一，近年来，国家大力倡导以创业带动就业，各高校也积极为学生创业提供各类支持。大学生应当积极主动地培养创业意识，提高创业能力。

（三）强化服务保障，着力提高就业创业指导服务水平

1. 健全精准信息服务机制

加强部省校三级就业服务体系建设，建立毕业生求职和用人单位需求数据库，运用大数据技术实现供需智能匹配，为毕业生精准推送政策、岗位和指导。进一步发挥校园招聘市场的主体作用，鼓励组织分层次、分类别、分行业的校园招聘活动，支持举办区域性、行业性联合招聘活动。鼓励高校举办的大型校园招聘活动同时向其他高校有组织地开放。

《关于做好当前形势下高校毕业生就业创业工作的通知》提出，教育部门与人力资源和社会保障部门要在高校毕业生离校时，同步启动有就业意愿的未就业毕业生实名信息交接工作，7月底前全面完成，并确保高校毕业生个人基本信息完整和信息安全。完善实名信息服务系统，有条件的地方要建立部门信息共享的高校毕业生就业管理服务平台，及时记载就业状况、政策服务落实等内容，实现动态管理。人力资源和社会保障部门要对离校未就业高校毕业生实施实名制服务，有针对性地提供岗位信息、职业指导、培训见习等服务措施。高校要持续为离校未就业毕业生提供就业信息和指导等服务，及时通知他们参加线上线下校园招聘，各院系也要主动与他们联系，推荐岗位信息。

2. 提升毕业生就业能力

各地各高校进一步加强大学生职业生涯发展教育，对低年级学生着重进行职业生涯启蒙，对高年级学生着重提升职业素质和求职技能。结合就业形势和毕业生特点，指导毕业生调整就业预期，找准职业定位。多方搭建社会实践、实习实训、职业体验等实践平台，增强学生专业技能和职业能力。鼓励学生在取得毕业证书的同时考取行业企业认可度高的多种类型的从业资格（或认证）证书。

2019年1月，人力资源和社会保障部、财政部、商务部、国务院国资委、共青团中央、全国工商联印发《关于实施三年百万青年见习计划的通知》，于2019年1月1日起，实施三年百万青年见习计划。其提出，用三年时间组织100万青年参加就业见习，帮助加强岗位实践锻炼、提升就业能力。对象为离校2年内未就业高校毕业生和16～24岁失业青年，对其中建档立卡贫困家庭、城乡低保家庭、零就业家庭青年，以及缺乏工作经历的青年，优先提供见习机会。通过实施见习计划，建立健全支持青年就业见习的政策制度和工作体系，确定一批用人单位作为青年就业见习基地，提升见习服务保障能力，力争使有见习意愿的失业青年都能获得见习机会，增强就业竞争力，形成有利于促进青年就业的长效机制。

《关于做好当前形势下高校毕业生就业创业工作的通知》提出，各高校要将组织毕业生参观公共就业创业服务机构、企业和创业园区纳入就业指导课程实践，开展模拟求职、现场观摩、职业体验等活动，增强其职业认知和职业能力。

3. 强化就业困难群体帮扶

国家要求各地各高校准确掌握贫困家庭、少数民族、身体残疾等情况的毕业生的状况，建立帮扶台账，做到分类帮扶、精准发力。要求高校建立校院领导、专业教师、辅导员等全员参与的"一对一"精准帮扶机制。充分挖掘校友、行业企业等社会资源，优先为困难群体推荐岗位。要求各地积极创造条件，争取专项资金，开展就业困难毕业生专项培训，提高其就业能力。高校积极配合有关部门落实好求职创业补贴政策，做好离校未就业毕业生的信息衔接和服务接续工作。

2018年12月，湖南省人社厅、省财政厅联合发布《湖南省职业技能培训补贴实施办法》，对贫困家庭子女、毕业年度高校毕业生（含技师学院高级工班、预备技师班和特殊教育院校职业教育类毕业生）、城乡未继续升学的应届初高中毕业生、农村转移就业劳动者、城镇登记失业人员，以及符合条件的企业职工享受职业技能补贴相关问题进行明确。

2019年3月，四川省教育厅发布《关于进一步规范高校家庭经济困难和就业困难毕业生就业帮扶经费使用工作的通知》，明确2019年帮扶总人数为2万人，帮扶标准为600元/人。明确帮扶对象是高校家庭经济困难和就业困难毕业生，重点是建档立卡贫困家庭毕业生，城乡低保家庭毕业生，残疾毕业生，残疾人家庭毕业生，获得国家助学金、助学贷款的毕业生，以及就业困难毕业生。

4. 切实保护毕业生就业权益

国家要求各地各高校加强校园内招聘活动管理，严禁发布性别、民族、院校、学习方式（全日制和非全日制）等歧视性信息，严格审核用人单位资质、工作岗位信息，重点审核就业中介机构和境外用人单位，严密防范招聘陷阱、就业欺诈、"培训贷"、传销等不法行为。普及就业创业有关法律法规知识，提高大学生的法律意识和维权意识。加强对毕业生和用人单位的诚信教育和管理，使其做到诚信签约、诚实履约。

《关于做好当前形势下高校毕业生就业创业工作的通知》提出，各高校要严格执行"四不准"规定，不准以任何方式强迫毕业生签订就业协议和劳动合同，不准将毕业证书、学位证书发放与毕业生签约挂钩，不准以户档托管为由劝说毕业生签订虚假就业协议，不准将毕业生顶岗实习、见习证明材料作为就业证明材料。

5. 支持毕业生自费出国留学

随着改革开放的深入，部分学生将获得机会到国外深造或到境外企业去工作。根据《教育部办公厅关于简化大专以上学历人员自费出国留学审批手续的通知》规定，符合国家规定申请自费留学的毕业生，不参加就业，也不再缴纳教育培养费。凭国外大学录取通知书，在学校规定时间内提出申请，经教务处和就业指导中心审核同意后，不列入就业计划。集中派遣时未获批准出境的，学校可将其档案、户籍关系转至生源地，毕业生继续办理出国手续或自谋职业。

6. 加快高校就业创业指导队伍建设

国家要求各高校加快建设一支职业化、专业化、专家化的就业创业指导队伍，在专业技术职务评聘和绩效考核中充分考虑指导教师的工作性质和工作业绩，予以适当支持。建立高校毕业生就业创业指导教师培训机制，开展专业培训，鼓励指导教师到行业企业挂职锻炼。定期对辅导员、班主任等就业工作人员进行集中轮训，全面提高其工作能力。

《关于做好当前形势下高校毕业生就业创业工作的通知》提出，人力资源和社会保障部门会同教育部门统筹资源，建立职业指导师联系毕业班制度，每个班指定一名职业指导师，讲解就业形势政策、求职方法，加强就业观念引导，促进毕业生积极就业、理性择业。

7. 积极发挥高校毕业生就业状况反馈作用

国家要求各地各高校要进一步落实高校毕业生就业质量年度报告编制发布制度，着力完善统计指标和内容，按时向社会发布高校毕业生就业质量年度报告。加快形成就业与招生计划、人才培养联动机制。各地要根据经济社会发展需要及本地区毕业生就业总体状况，主动对接地区、行业、产业需求，进一步建立完善高校学科专业、培养层次、培养类型动态调整机制，努力实现本地区高等教育规模和结构的科学配置和布局。

拓展阅读

劳动合同与就业协议书的区别

劳动合同与就业协议书都是用人单位录用毕业生时所订立的书面协议，两者处于就业流程的不同阶段，主要存在以下五个方面的区别。

一、依据不同

劳动者与用人单位就劳动合同发生争议时应依据《劳动合同法》来处理。而双方就协议书发生争议时，除了根据协议内容之外，主要依据现有的毕业生就业政策对协议的一般规定来进行处理。

二、主体不同

劳动合同是毕业生与用人单位明确劳动关系和权利义务的协议。学校不是劳动合同的主体，也不是劳动合同的鉴证方。就业协议书是毕业生在校时，由毕业生与用人单位协商签订、学校参与鉴证的协议，是学校制订毕业生就业计划和派遣毕业生的依据。

三、内容不同

劳动合同的内容涉及劳动报酬、劳动保护、工作内容、劳动纪律等各个方面。就业协议书的主要内容包括毕业生的基本情况及愿意到用人单位工作的签署意见、用人单位的基本情况及愿意接收毕业生的签署意见、学校同意推荐毕业生并列入就业计划进行派遣的意见，以及关于劳动关系的意向条款，其内容不如劳动合同明确、具体。

四、时间不同

一般来说，就业协议书签订在前，劳动合同签订在后，就业协议书在毕业生到用人单位报到且用人单位正式接收毕业生后自行终止，双方劳动关系的建立以劳动合同的签订为准。对于就业协议书中约定的条件，双方应在订立劳动合同时予以确认。否则，应当视为当事人对相应劳动合同权利的自动放弃，劳动合同当事人任何一方不得以就业协议书的条款来约束对方。

五、目的不同

劳动合同用于明确毕业生、用人单位的权利和义务，其目的是保护劳动关系当事人的合法权益。一旦发生劳动争议，劳动合同就会成为解决劳动争议的重要证据。就业协议书是毕业生和用人单位对就业意向的初步约定，是判断当事人履约情况的依据。

探索活动

专题讨论

活动目的：

进一步熟悉国家和地方的相关就业政策。

活动内容：

（1）以你想要就业的某地区某单位为例，了解、分析国家和地方就业政策，并说明这些政策在就业过程中所起的作用。

（2）结合所学专业，谈谈你对国家"鼓励高校毕业生到城乡基层就业"的看法。

活动检测：

活动结束后，教师可根据表 5-1 进行评分。

表 5-1　探索活动评价表

评分标准	分值	实际得分	备注
积极参与讨论	25		
全面了解国家和地方的就业政策	25		
准确说明相关就业政策在就业过程中所起的作用	25		
观点明确，论据充分，语言表达清晰	25		
总分	100		

能力训练

搜寻就业机会

训练目的：

培养搜寻就业机会的能力。

活动要求：

（1）分组。每6~8人为一组，设组长一名。

（2）各小组内部进行讨论交流，根据新时代的社会经济形势变化，结合所学专业列出可能产生的就业机会填入表 5-2。

（3）思考其中哪些就业机会是自己适合的或者喜欢的，应当如何争取自己感兴趣的这些就业机会。

表 5-2　社会、政策变化带来的就业机会

社会、政策变化	就业机会
"互联网+"时代	
数字电视普及	
产业转型升级	
旅游业的兴起	
"一带一路"倡议	
5G 商用	
……	

第二节　提高维权能力

案例导入

协议签订要谨慎

　　某高校会计专业毕业生小敏是一位性格较内向的女孩子，在求职过程中曾多次碰壁。终于有一天，某单位表示同意录用她，这令她兴奋不已，不过该单位要求先试用 3 个月再签约，小敏欣然同意。转眼试用期就结束了，小敏与该单位如期签订就业协议书，但该单位在协议书上备注了以下条款：① 试用期 6 个月；② 服务期 5 年，若 5 年内提出离职要求，需向本单位缴纳每年 3 000 元的违约金；③ 其他未尽事宜按本单位有关规定执行。小敏当时一心只想赶紧把单位定下来，根本没有仔细推敲，想当然地认为单位肯定会按正规程序办事，应该不会有问题的。所以她毫不犹豫地在协议书上的"毕业生本人应聘意见"一栏签上了"同意"二字。

　　正式报到之后，小敏方知试用期要从她报到之日算起，且试用期只拿基本工资。据说这是该单位对所有新录用毕业生的统一规定，原先 3 个月是非正式的试用，属于实习考察性质。小敏心里虽然觉得很不合理，但碍于协议书上并未注明试用起始日期，自己又不想得罪单位，更不愿失去这份工作，故只能怪自己"经验不足"。

　　工作三年之后，小敏想要回家乡工作，她觉得自己的服务期就剩两年，大不了交两年的违约金罢了。然而事情并非她想象得那么简单，当她正式提交辞职报告时，却被告知因服务期未满，需要缴纳 15 000 元的违约金。单位人事部经理说："当初签订就业协议书时，不是白纸黑字写明了 5 年内提出离职要求，需要缴纳每年 3 000 元的违约金嘛，你自己还签了'同意'二字呢！"小敏无言以对，想想自己的档案还"卡"在单位手中，如果一定要撕破脸皮，对簿公堂，时间和精力实在耗不起，况且到头来很有可能得不偿失，只好哑巴吃黄连，自认倒霉。

　　问题与思考：

　　签订就业协议时应注意什么？我们应如何维护自身的合法权益？

一、就业权益概述

就业权益是指求职者在求职择业过程中应享有的权益，包括劳动报酬权、休息休假权、劳动保护权等。大学生作为一个特殊群体，在就业过程中除享有普通劳动者所享有的劳动报酬权、休息休假权、劳动保护权等一般权利外，还享有许多其他的权利。

二、大学生的基本就业权益

（一）就业信息知情权

就业信息知情权是指大学毕业生拥有及时全面地获取应该公开的各种就业信息的权利。它包括三个方面的含义：信息公开，即任何团体、组织和个人都不得隐瞒、截留用人信息，要全部向毕业生公布；信息及时，即应当将就业信息及时向毕业生公布，否则就业信息就会过时，失去了利用价值；信息全面，即向毕业生公布的就业信息应当是全面完整的，部分的、残缺不全的信息将影响毕业生对用人单位的全面了解和准确判断，从而影响其对职业的选择。

（二）接受就业指导权

就业指导工作对毕业生来说意义重大，它会直接影响毕业生的职业生涯规划、就业意识、就业方向及求职择业的技巧。学校在毕业生就业指导中占据重要位置。为做好毕业生就业指导工作，学校应当对毕业生进行全方位的就业指导与服务，向毕业生宣传国家关于毕业生就业的方针、政策，帮助毕业生做好职业规划，对毕业生进行择业技巧的指导，引导毕业生准确定位，合理择业。除了学校，毕业生还可以从各级政府设立的就业指导机构获得帮助。

（三）被推荐权

向用人单位推荐毕业生是学校就业工作的一项重要职责，学校的推荐对用人单位选择毕业生起着重要作用。毕业生享有被学校及时、公正、如实推荐到用人单位的权利。学校推荐毕业生时应做到：如实推荐，对毕业生的在校表现不夸大、不贬低，实事求是；择优推荐，在公开、公正的基础上择优推荐毕业生，使人尽其才，并激发广大学生学习工作的积极性；公正推荐，根据个人的表现及能力，公平、公开、公正地推荐每一位毕业生，使大家都能够享受到被推荐的权利。

（四）平等就业权

毕业生在就业过程中享有平等的就业权利，有平等的机会去竞争工作岗位。毕业生应当平等地接受学校推荐，平等地参加用人单位的公开招聘，同时还有权要求用人单位在录用毕业生时能够做到公平、公正、一视同仁。

国家保障妇女享有与男子平等的劳动权利。用人单位招用人员，除国家规定的不适合妇女的工种或者岗位外，不得以性别为由拒绝录用女性大学毕业生或者提高对女性大学毕业生的录用标准。用人单位录用女性大学毕业生，不得在劳动合同中规定限制女性大学毕业生结婚、生育的内容。

各民族劳动者享有平等的劳动权利。用人单位招用毕业生，应当依法对少数民族大学毕业生给予适当照顾。

国家保障残疾人的劳动权利。各级人民政府应当对残疾大学毕业生就业统筹规划，为残疾大学毕业生创造就业条件。用人单位招用毕业生，不得歧视残疾大学毕业生。

用人单位招用大学毕业生，不得以是传染病病原携带者为由拒绝录用。但是，经医学鉴定传染病病原携带者在治愈前或者排除传染嫌疑前，不得从事法律、行政法规和国务院卫生行政部门规定禁止从事的易使传染病扩散的工作。

求职就业案例

女大学生郭某在招聘网站上看到某职业技能培训学校招聘文案岗位人员，她认为自己的学历及实习经验符合招聘要求，便在网上提交了简历。等待多天后没有得到任何回复，郭某又浏览了相关的页面，才发现招聘页面上写着"限男性"的要求。郭某表示不解，多次向对方咨询并到学校当面了解，但对方坚持只要男性，表示这个岗位不适合女性。"企业拒绝女生的理由太多了，女生们不能再忍气吞声。"于是，郭某便向法院提起了诉讼。

资料来源：HR案例网

启智润心

根据《劳动法》《就业促进法》等相关法律规定，劳动者享有平等就业的权利，劳动者就业不因性别等情况不同而受歧视，国家保障妇女享有与男子平等的劳动权利，用人单位招用人员，除国家规定的不适合妇女的工种或者岗位外，不得以性别为由拒绝录用妇女或者提高对妇女的录用条件。该培训学校的做法侵犯了郭某的平等就业权，郭某可以通过法律途径维护自己的合法权益。

（五）就业选择自主权

根据国家规定，毕业生在国家就业方针、政策的指导下"双向选择，自主择业"，即毕业生可按照自己的意愿就业，有权决定自己是否就业，何时就业，何地就业，从事何种职业，学校、其他单位和个人均不得干涉。任何强加给毕业生的就业行为都是侵犯毕业生就业自主权的行为。

（六）择业知情权

毕业生在与用人单位签订就业协议书及劳动合同前，有权了解用人单位的主体资格、劳动岗位、劳动条件、劳动报酬及规章制度等情况，用人单位应当如实说明和介绍，不能回避或故意隐瞒某些职业危害，也不能夸大单位规模和提供给毕业生的待遇。

求职就业案例

应届毕业生小莫应聘到一家医药公司担任销售，面试时面试官只说待遇优厚，未说具体薪资。因为这家医药公司在当地还算比较知名，小莫感觉待遇应该不错，就没追问。签合同时，小莫发现合同上只写了基本工资 3 000 元，便问人事绩效工资怎么算。人事回复说，绩效工资的算法比较复杂，总的来说，多劳多得，放心签合同吧。可工作几个月下来，小莫每月的业绩虽都不错，但工资只有 4 000 元左右，远远低于自己的期望薪资。小莫找人事询问，得到的回复是小莫每月售出的产品量只达到了公司的最低要求，工资自然不高。小莫感觉自己被骗了，非常生气，打算尽快离职。

启智润心

现实生活中，和小莫有同样经历的人并不少。一些用人单位利用应届毕业生社会经验少，让他们糊里糊涂地加入，成为廉价劳动力。严格来说，这是违法的。对有这样经历的人来说，他们应吸取教训，在之后的求职过程中，对应聘单位和岗位应做充分的了解，不清楚的地方及时询问，弄清关键信息后，再决定是否加入。

（七）违约求偿权

用人单位、毕业生、学校的三方协议一经签订后，任何一方不得擅自毁约和违约。如果用人单位无故解除协议，或不按照协议内容履行，毕业生有权要求用人单位承担违约责任，包括支付违约金。有些用人单位出于单位改制、经营情况不好等原因，主动向毕业生提出解除协议，甚至个别单位在招聘时提供了虚假信息，在毕业生到单位就业后不能履行对毕业生的承诺，对于这些情况毕业生有权向用人单位提出赔偿要求。

（八）户口档案保存权

毕业生自毕业之日起，在择业期内如果没有联系到合适的工作单位，没有和用人单位签订就业协议书，也没有因回生源地自主择业、出国等情况而办理人事代理手续，有权将档案和户口保存在学校，学校应当对毕业生的学籍档案和户口关系进行妥善保管，不能向毕业生收取费用。2 年择业期满后，学校就不再承担此义务。

三、就业权益的法律保障

毕业生要熟悉和掌握国家有关法律、法规，强化自己的维权意识。一旦在求职应聘、签订就业协议和劳动合同的过程中发现有权益受到侵害的现象时，能够积极运用法律武器维护自己的合法权益。

（一）《劳动法》

1.《劳动法》的适用范围

《劳动法》于1994年7月5日经第八届全国人民代表大会常务委员会第八次会议通过，自1995年1月1日起施行，2009年8月27日第一次修正，2018年12月29日第二次修正。国家制定和实施劳动法的宗旨是，保护劳动者的合法权益，调整劳动关系，建立和维护适应社会主义市场经济的劳动制度，促进经济发展和社会进步。

《劳动法》的适用范围包括，在中国境内的企业、个体经济组织和与之形成劳动关系的劳动者，以及国家机关、事业组织、社会团体和与之建立劳动合同关系的劳动者。

2. 劳动者的权利和义务

《劳动法》明确规定了劳动者享有的权利及应当履行的义务。劳动者享有平等就业和选择职业的权利、取得劳动报酬的权利、休息休假的权利、获得劳动安全卫生保护的权利、接受职业技能培训的权利、享受社会保险和福利的权利、提请劳动争议处理的权利以及法律规定的其他权利。劳动者应当承担的主要义务包括，完成劳动任务，提高职业技能，执行劳动安全卫生规程，遵守劳动纪律和职业道德。用人单位应当依法建立和完善规章制度，保障劳动者享有劳动权利和履行劳动义务。

（二）《劳动合同法》

1.《劳动合同法》的适用范围

《劳动合同法》于2007年6月29日经第十届全国人民代表大会常务委员会第二十八次会议通过，自2008年1月1日起施行，2012年12月28日修正。

《劳动合同法》适用于中国境内的企业、个体经济组织、民办非企业单位等组织与劳动者建立劳动关系，订立、履行、变更、解除或者终止劳动合同，以及国家机关、事业单位、社会团体和与其建立劳动关系的劳动者，订立、履行、变更、解除或者终止劳动合同。

2. 劳动合同的种类

劳动合同分为固定期限劳动合同、无固定期限劳动合同和以完成一定工作任务为期限的劳动合同。固定期限劳动合同，是指用人单位与劳动者约定合同终止时间的劳动合同。无固定期限劳动合同，是指用人单位与劳动者约定无确定终止时间的劳动合同。以完成一定工作任务为期限的劳动合同，是指用人单位与劳动者约定以某项工作的完成为合同期限的劳动合同。用人单位与劳动者协商一致，可以订立固定期限劳动合同，也可以订立无固定期限劳动合同或者订立以完成一定工作任务为期限的劳动合同，但是劳动合同法规定必须订立无固定期限劳动合同的除外。

八大劳动合同的陷阱

3．劳动合同的签订

用人单位与劳动者建立劳动关系，应当订立书面劳动合同。已建立劳动关系，未同时订立书面劳动合同的，应当自用工之日起一个月内订立书面劳动合同。用人单位与劳动者在用工前订立劳动合同的，劳动关系自用工之日起建立。

劳动合同应当具备以下条款：劳动合同期限，工作内容，劳动保护和劳动条件，劳动报酬，劳动纪律，劳动合同终止的条件，违反劳动合同的责任，当事人协商约定的其他内容。

4．劳动合同的生效

劳动合同由用人单位与劳动者协商一致，并经用人单位与劳动者在劳动合同文本上签字或者盖章生效。劳动合同文本由用人单位和劳动者各执一份。

5．劳动者的试用期

劳动合同期限三个月以上不满一年的，试用期不得超过一个月；劳动合同期限一年以上不满三年的，试用期不得超过二个月；三年以上固定期限和无固定期限的劳动合同，试用期不得超过六个月。同一用人单位与同一劳动者只能约定一次试用期。以完成一定工作任务为期限的劳动合同或者劳动合同期限不满三个月的，不得约定试用期。试用期包含在劳动合同期限内。劳动合同仅约定试用期的，试用期不成立，约定的期限为劳动合同期限。劳动者在试用期的工资不得低于本单位相同岗位最低档工资或者劳动合同约定工资的百分之八十，并不得低于用人单位所在地的最低工资标准。

求职就业案例

什么时候能熬过试用期

小张被某连锁超市录用为收银员，签订了为期一年的劳动合同，其中约定试用期为3个月。该劳动合同履行完毕后，单位同意再与她续订一年的劳动合同，但是，单位强调必须再订3个月的试用期。小张发现，她的工作岗位未发生变动，还是继续做收银员，对此十分不解："怎么还有试用期？不能老试用呀！"

启智润心

对于试用期的时间和次数，《劳动合同法》中有明确规定，显然，小张所在单位违反了相关规定。这个案例告诉我们，大学生积极主动地学习和了解我国的劳动法规能更好地维护自身的合法权益。

四、大学生的维权途径

根据《劳动法》《劳动合同法》《劳动争议调解仲裁法》等相关法律规定，大学生在合法权益受到侵害或与用人单位发生劳动争议时，可以采取以下列途径寻求救济，维护自己的权益。

（一）协商和解

对于用人单位一般的违规行为或者争议不大的问题，大学生可以与用人单位协商，也可以请工会或者第三方共同与用人单位协商，达成和解协议。协商和解有利于劳动关系的稳定和谐。

（二）劳动争议调解

争议双方不愿协商、协商不成或者达成和解协议后不履行的，可以到企业劳动争议调解委员会、依法设立的基层人民调解组织或者在乡镇、街道设立的具有劳动争议调解职能的有关组织申请调解。经调解达成协议的，应当制作调解协议书。调解协议书由双方当事人签名或盖章，经调解员签名并加盖调解组织印章后生效。对双方当事人具有约束力，当事人应当履行。调解申请应当在自知道权利被侵害之日起 30 日内提出。

（三）投诉举报

我国劳动法规定，任何组织或者个人对违反劳动法的行为都有权举报，县级以上人民政府人力资源和社会保障部门应当及时核实，处理违法事实。大学生就用人单位违反《劳动合同法》的行为向人力资源和社会保障部门进行举报，人力资源和社会保障部门应当依法受理并立案查处。一经查实，人力资源和社会保障部门可以责令用人单位依法对大学生给予赔偿。

（四）劳动争议仲裁

发生劳动争议，大学生可以向劳动争议仲裁委员会申请仲裁。提出仲裁要求的一方应当自劳动争议发生之日起六十日内向劳动争议仲裁委员会提出书面申请。仲裁裁决一般应在收到仲裁申请的六十日内作出。对仲裁裁决无异议的，当事人必须履行。

（五）诉讼

劳动争议当事人对仲裁裁决不服的，可以自收到仲裁裁决书之日起十五日内向人民法院提起诉讼。一方当事人在法定期限内不起诉又不履行仲裁裁决的，另一方当事人可以申请人民法院强制执行。需要注意的是，未经劳动争议仲裁委员会仲裁的劳动争议案件，法院不予受理。对支付拖欠劳动报酬、工伤医疗费、经济补偿或者赔偿金事项达成调解协议，用人单位在协议约定期限内不履行的，大学生可以持调解协议书依法向人民法院申请支付令，人民法院应当依法发出支付令。用人单位拖欠或未足额支付劳动报酬的，大学生可以直接依法向当地人民法院申请支付令，人民法院应当依法发出支付令。

如果毕业生在实际就业中遇到劳动保障方面的问题，可以及时拨打全国统一的劳动保障公益服务专用电话 12333，咨询劳动保障政策，获取相关政策，更好地维护自身的合法权益。

求职就业案例

　　毕业后，王明与某企业签订了为期两年的劳动合同。合同期间，企业为了上新项目派王明到香港培训半年，并且双方约定，培训期间劳动合同继续有效，培训时间计入劳动合同履行期间。合同期满后，王明向企业提出解除劳动关系，但企业不同意为王明办理解除劳动关系的手续，要求王明必须续订劳动合同，否则公司要求王明赔偿为其支付的培训费 8 000 元，为此双方发生纠纷。王明向当地劳动仲裁部门提出仲裁申请，经过调解，企业同意与王明解除劳动关系，并自动放弃收取培训费的要求。

资料来源：道客巴巴

启智润心

　　这是一起因强迫续订劳动合同而产生的劳动纠纷。本案中，王明与该企业的劳动合同期满，双方按照合同规定的条款履行了各自的权利和义务。合同终止后，双方的劳动关系也随之解除。如果想继续维持双方的劳动关系，那就必须在平等自愿、协商一致的基础上续订劳动合同，如果一方不同意，则不能续订劳动合同。遇到这种情况，大学生要勇于拿起法律的武器保护自身的合法权益。

拓展阅读

《劳动合同法》相关知识问答

1. 用人单位规章制度对劳动者有约束力吗？

　　答：用人单位依照法定程序制定的、内容不违反法律法规并向本单位职工公示使其知悉的规章制度，对本单位及本单位的劳动者具有约束力，本单位及本单位劳动者应当遵守。

2. 直接涉及劳动者切身利益的规章制度或者重大事项指的是哪些事项？

　　答：根据《劳动合同法》第四条，直接涉及劳动者切身利益的规章制度或者重大事项是指有关劳动报酬、工作时间、休息休假、劳动安全卫生、保险福利、职工培训、劳动纪律及劳动定额管理等事项。

3. 用人单位可以扣押劳动者的身份证等证件吗？

　　答：根据《劳动合同法》第九条，用人单位招用劳动者，不得扣押劳动者的居民身份证和其他证件。其他证件包括学历证书、毕业证书、职业资格证书等。

4. 建立劳动关系应当以什么形式订立劳动合同？

　　答：根据《劳动合同法》第十条，建立劳动关系，应当订立书面劳动合同。

5. 劳动合同可以任意解除吗?

答:根据《劳动合同法》第四章,解除劳动合同必须符合法定情形,不可以任意解除劳动合同。

6. 劳动合同的解除分为哪几种情况?

答:根据《劳动合同法》第四章,劳动合同的解除分为三种,即双方协商解除劳动合同、劳动者单方解除劳动合同和用人单位单方解除劳动合同。

7. 在什么情形下,劳动合同终止?

答:根据《劳动合同法》第四十四条,有下列情形之一的,劳动合同终止:(1)劳动合同期满的;(2)劳动者开始依法享受基本养老保险待遇的;(3)劳动者死亡,或者被人民法院宣告死亡或者宣告失踪的;(4)用人单位被依法宣告破产的;(5)用人单位被吊销营业执照、责令关闭、撤销或者用人单位决定提前解散的;(6)法律、行政法规规定的其他情形。

8. 若劳动合同终止,用人单位是否支付经济补偿?

答:根据《劳动合同法》第四十六条,除用人单位维持或者提高劳动合同约定条件续订劳动合同,劳动者不同意续订劳动合同的情形外,用人单位依照本法第四十四条第一项规定终止固定期限劳动合同的;用人单位被依法宣告破产或者用人单位被吊销营业执照、责令关闭、撤销或者用人单位决定提前解散而终止劳动合同的,用人单位应当向劳动者支付经济补偿。

9. 用人单位违法解除或者终止劳动合同的,应当怎么处理?

答:根据《劳动合同法》第四十八条和第八十七条,用人单位违法解除或者终止劳动合同,劳动者要求继续履行劳动合同的,用人单位应当继续履行;劳动者不要求继续履行劳动合同或者劳动合同已经不能继续履行的,用人单位应当依照经济补偿标准的两倍向劳动者支付赔偿金。

10. 什么是劳务派遣?

答:劳务派遣,是指劳务派遣单位与被派遣劳动者订立劳动合同后,将该劳动者派遣到用工单位从事劳动的一种特殊的用工形式。在这种特殊用工形式下,劳务派遣单位与被派遣劳动者建立劳动关系,但不用工,即不直接管理和指挥劳动者从事劳动;用工单位直接管理和指挥劳动者从事劳动,但是与劳动者之间不建立劳动关系。

11. 劳动合同的某一条款无效,是否会导致整个劳动合同无效?

答:根据《劳动合同法》第二十七条,劳动合同部分无效,不影响其他部分效力的,其他部分仍然有效。根据《劳动合同法》第二十八条,劳动合同被确认无效,但劳动者已付出劳动的,用人单位应当向劳动者支付劳动报酬。劳动报酬的数额,参照本单位相同或者相近岗位劳动者的劳动报酬确定。

12. "工伤自理"条款是否有效?

答:一些用人单位在与劳动者订立劳动合同时,约定劳动者在劳动过程中"工伤自理",即发生工伤的由劳动者自己承担责任,用人单位概不负责;或者约定不为劳动者缴纳社会保险费等内容。尽管在劳动合同订立时劳动者表示同意，但这种劳动合同条款由于违反了《劳动法》《劳动合同法》《工伤保险条例》等法律、法规，因此属于"霸王条款"，是无效条款。

13. **什么是竞业限制？**

答：根据《劳动合同法》第二十三条和第二十四条，竞业限制是指用人单位在劳动合同或者保密协议中，与掌握本单位商业秘密和与知识产权相关的保密事项的劳动者约定，在劳动合同解除或者终止后的一定期限内，不得到与本单位生产或者经营同类产品、从事同类业务的有竞争关系的其他用人单位任职，也不得自己开业生产或者经营同类产品、从事同类业务。劳动者违反竞业限制约定的，应当按照约定向用人单位支付违约金。

14. **用人单位是否可以任意与劳动者约定由劳动者承担违约金？**

答：根据《劳动合同法》第二十五条，除了在培训服务期约定及竞业限制约定中，用人单位可与劳动者约定由劳动者承担违约金外，在其他情形下，用人单位不得与劳动者约定由劳动者承担违约金。

15. **用人单位不与劳动者订立书面劳动合同怎么办？**

答：根据《劳动合同法》第十一条、第十四条和第八十二条，用人单位自用工之日起超过 1 个月不满 1 年未与劳动者订立书面劳动合同的，应当向劳动者每月支付两倍的工资。用人单位自用工之日起满 1 年不与劳动者订立书面劳动合同的，视为用人单位与劳动者已订立无固定期限劳动合同。

探索活动

劳动人事争议仲裁庭审旁听

活动目的：

深入了解毕业生就业的基本权益及维权途径，树立维权意识。

活动内容：

（1）分组。将全班学生分成若干小组，每组6~8人，设组长1名。

（2）各小组由组长组织到当地劳动仲裁机构进行劳动人事争议仲裁庭审旁听，了解相关法律知识和程序，并由1名学生记录案件审理的相关情况。

（3）旁听结束后，各小组从以下案例中选择一个案例，查询相关法律知识后进行讨论分析，并将讨论分析的过程和结果进行记录。

① 小刘毕业前与一家公司签订了全国普通高等学校毕业生就业协议书。毕业后，小刘按照约定入职该公司。此后，公司长期不与小刘签订书面劳动合同，经过交涉，公司答复：已经签订就业协议书了，就没有必要再签订劳动合同了。小刘不服，提起仲裁申请，要求该公司支付其未签订书面劳动合同的两倍工资差额。

② 小胡为非北京生源毕业生，毕业后入职北京市一家高新技术企业，并且由单位解决了北京市户口。双方签订的劳动合同中约定因公司为小胡解决了北京户口，所以小胡在该公司工作必须满5年，否则不满一年交纳一万元的违约金。两年后，小胡辞职，该公司要求小胡交纳违约金无果便将小胡诉至仲裁委。

（4）将相关记录交给教师，由教师进行归纳总结。

活动检测：

活动结束后，教师可根据表5-3进行评分。

表5-3 探索活动评价表

评分标准	分值	实际得分	备注
积极参与活动	20		
活动组织有秩序，时间安排合理	25		
相关记录准确全面，条理清晰	25		
能够根据相关法律知识，对案例进行正确分析	30		
总分	100		

能力训练

签订一份劳动合同

训练目的:

能够正确签订劳动合同,提高对劳动合同陷阱的识别能力。

活动要求:

(1)分组。将全班学生分成若干小组,每组6~8人,设组长1名。

(2)各小组到图书馆或网上查找1~2份劳动合同,通过学习熟悉劳动合同的内容。

(3)各小组走访一家企业或当地的人力资源和社会保障局,向相关工作人员了解劳动合同签订的流程,如果条件允许可旁观劳动合同签订的全过程。

(4)每小组起草2份劳动合同,要求其中1份为完全正规的劳动合同,另1份为存在1~2处陷阱的不正规劳动合同。

(5)各小组将所起草的劳动合同进行相互交换,然后由各组内部按照之前了解的签订流程进行劳动合同的签订,看一看是否能够发现劳动合同中的陷阱。

(6)签订完成后,进行小组讨论。在签订劳动合同时应注意哪些问题,才能规避劳动合同陷阱?

第三节　预防就业陷阱

案例导入

警惕传销

　　张某是某高校会计专业的毕业生。一天，张某接到朋友周某从广州打来的电话，希望他来公司工作。张某来到广州后，周某让他签订了一份合同书，并让他交押金3 000元，承诺如辞职离开公司，押金随时如数退还。张某认为周某与自己是朋友，又有合同和承诺，便拿出3 000元交了押金。当天下午，周某就带了人开始岗前"培训"。"培训"主要是讲怎样赚钱，怎样暴富和赚钱要不择手段，以及"发展下线、金字塔"理论，等等。经过几天"培训""洗脑"后，公司开始让他"上班"，就是打电话、动员蒙骗认识的、想找工作的人来"工作"。

什么是传销

资料来源：搜狐网

问题与思考：
在求职择业过程中，我们该如何规避就业陷阱？

知识学习

一、常见的求职陷阱

（一）虚假招聘

　　某些用人单位为了打响企业的知名度或者其他一些目的，大张旗鼓地做广告、发信息，声称要招聘"高级主管一名""业务经理一名"，年薪若干，待遇优厚等，吸引大量求职者前来应聘，再以各种理由拒绝求职者。还有一些面临倒闭的企业为了躲避债权人的追债而大量做广告、发招聘信息，给人一种不断发展壮大的错觉，来掩盖实际上的财务危机。

（二）粉饰岗位

　　某些用人单位确实需要人力，但是如果把职位照实说出，无法引起求职大学生的关注。于是，将职位粉饰一番，广告上说得天花乱坠，入职后才发现不过是金玉其外。"行政经理"是打杂，市场总监是拉业务，财务分析是保险推销，等等。

求职就业案例

　　小余在武汉某家具公司竞聘"销售助理兼内务"的职位，面试、复试均合格后，被通知上班。双方在此前谈好，试用期3个月，月薪2800元，试用期结束后月薪3500元，主要是负责内勤工作。但小余去上班后，该公司却以其不熟悉公司事务为由，将其派去做业务员试用3个月，工资只拿提成。同时，小余还被告知，如果3个月内业绩不合格，将继续被作为试用人员使用。

启智润心

　　"粉饰岗位"的现象屡见不鲜，毕业生应聘时要提前了解清楚职位的具体内容，询问工作细节，认真考虑后再做打算。大学毕业生在求职前或求职过程中，应主动学习一些劳动法规和相关政策，提高自己的法律意识和独立思考的能力。

（三）骗取钱财

　　某些非法机构或犯罪分子在某一地方临时租用一间办公室，然后到处张贴或发放虚假招聘信息。待有求职者前来面试时，再以收取报名费、押金、服装费、培训费、办证费等手段，非法收取求职者的钱财，然后告知几天后来正式上班。然而，当求职者前来报到时发现已是人去楼空。还有一些非法职介，利用毕业生求职心切的心理，以介绍工作为由向求职者收取高昂的中介费，结果却是交了钱也上不了班。

求职就业案例

　　武汉某学校的应届毕业生小刘通过中介机构推荐上岗，交了50元中介费和30元建档费。他拿着中介机构给他的地址找到一商贸大楼五层的一间挂有"××公司对外联络处"的房间。

　　一位女士接待了他，简单面试后，表示他已被录取。接下来，这位女士说，为了慎重起见，公司统一组织大家体检，体检后签订劳动合同，每人交纳体检费430元。现在人员还没有招满，要小刘一星期后到这里集合。小刘高兴地交纳了体检费。一星期后，小刘再到集合地点时发现门上牌子已换。一打听，人已走，房间租给了别人。

　　小刘再一了解，省外那家公司近期根本没有在武汉招聘人员的计划，也没有在武汉设立对外联络处。小刘回头找中介机构说理并要求退费，中介机构却一口咬定信息是这家公司提供的，并按照要求给了小刘信息，拒绝退费。

启智润心

　　我国法律规定用人单位不得向应聘者收取任何费用，求职者应谨记这一点，遇到这种情况应第一时间查证招聘单位的信息。同时，在选择中介机构时，应注意查看其证件是否齐全，是否具有相应资质。一旦遇到求职陷阱，应当立即中断求职，必要时可向招聘单位所在地的人力资源和社会保障局劳动监察大队或公安局派出所报案，寻求法律保护。

（四）浑水摸鱼

浑水摸鱼的公司一般都是实力比较差的企业，他们没有足够的财力聘请专业设计人员设计产品，而以招聘企划或设计人员为名，要求求职者必须依照公司的要求做一份方案或设计图，然后再推说人员已经招满或作品不合乎要求等。这样就采用欺骗性的手段获得了众多求职者的作品，而不需要花费高额的设计费用。高校毕业生在求职时一定要谨防被这类公司浑水摸鱼，窃取自己的劳动果实。

（五）瞒天过海

这种求职陷阱通常有以下两种情况：一是用人单位近期将有大项目启动或有新产品试制等，急需大批人才，而这些人才在项目完成或市场成熟后又完全失去作用。有的企业便先大量招聘人员，设置试用期，然后找各种理由裁员，以此减少开支，并保证人员的充分利用；二是一些非法犯罪团伙利用高校毕业生求职心切的心理，打出"名企"招聘的招牌吸引大学生加入，等到其发现上当受骗时，想要逃出已经非常困难了，如传销等。

（六）文字陷阱

劳动合同与劳务合同，一字之差却有天壤之别。有的用人单位利用初涉职场的毕业生经验不足、粗心大意、维权意识差等特点，与求职大学生签订劳务合同。毕业生不知不觉中陷入"劳务工"的圈套之中。劳动合同是劳动者与用人单位之间确立劳动关系、明确双方权利义务的协议。一旦签订，双方就形成了受劳动法保护劳动法律关系。劳务合同是当事人双方就一方提供活劳动服务即劳务给另一方而形成的债权债务协

"劳动" or "劳务"

议，是一种民事法律关系。劳务合同广泛存在于雇佣、承揽、出版、运送、委托、行纪、居间、寄存、仓储等领域。劳动合同的主体一方必须是用人单位，另一方是劳动者个人。用人单位和劳动者之间不仅存在经济关系，还存在着人身关系，即行政隶属关系。劳动者除提供劳动之外，还要接受用人单位的管理。劳务合同的主体双方当事人可以同时都是法人、组织、公民，也可以是公民与法人和其他社会组织。劳务合同的双方主体之间只存在经济关系，彼此无从属性，劳动者提供劳动服务，用人单位或者个人支付劳务报酬，各自独立、地位平等。

同样，正式工和劳务派遣工也是两个完全不同的概念。劳务派遣，即劳动力租赁，由派遣机构与劳动者订立劳动合同并支付报酬，把劳动者派向其他用工单位，再由其向派遣机构支付一笔服务费用。劳务派遣工指的就是被派遣的劳动者。近几年，"雇人不用人，用人不雇人"的用工模式风靡全国，这种模式中所说的"人"，就是指"劳务派遣工"，他们与劳务中介公司订立劳动合同，中介公司再与用工单位订立劳务派遣协议，也就是说，中介公司负责把工人"雇佣"给用人单位"使用"，用人的不建立劳动关系，建立劳动关系的不实际用人。求职者在通过一轮又一轮的笔试、面试后，如果签订就业协议时发现，协议里的甲方并非实际用人单位，而是某人力资源公司，那么，求职者就成了某人力资源公司派遣到用人单位的派遣工。

二、求职陷阱的预防与应对

（一）保持平衡的心态，提高警惕

在求职的过程中应当保持平衡的心态，不急躁、不轻浮、不虚荣，对待遇优厚但招聘要求却很低的用人单位要特别加以防范，应充分了解其背景和运营情况，在不了解实情的情况下，万不可盲目地应聘。理性选择求职平台，可到当地公共就业和人才服务机构求职，如人力资源市场、职介中心、人才中心；也可到各级人力资源和社会保障部门推荐认定的诚信人力资源服务机构求职。

（二）多了解、多打听、多思考

在求职的过程中，应充分利用网络资源、媒体资源及其他一切可利用的资源，多方面、多层次地了解用人单位的运营现状、规模、性质、信誉度等情况，防止用人单位利用招聘信息制造骗局。接到招聘邀约后，及时上网核实相关信息，特别是要到市场监管部门的官方网站查询该用人单位注册或者备案情况，若查不到相关信息就说明该单位可能不存在。找到意向工作信息后，和有一定社会阅历的亲友沟通情况，冷静听取他们的意见或相关领域工作经验。可以咨询并参考不同年龄、不同地区的人的意见建议。

（三）谨慎应聘

当发现用人单位有异常举动时，如安排的招聘地点非常隐蔽或只在夜间招聘等，都要加倍小心，绝对不可贸然前去；应聘前后应与亲人、同学保持联系；应聘中，发现用人单位一开始就要收取押金、培训费等费用时，应当提高警惕，拖延时间暂缓缴费；还应向用人单位的正式员工详细咨询关于公司的管理制度、用人制度等信息，以确保就业安全。

（四）拒绝高薪诱惑

天上不会掉馅饼，天下也没有免费的午餐，高薪虽然诱人，但求职者首先要清楚自己的条件和特长，判断自己是否能为用人单位创造良好的效益，是否能对得起"高薪"。若答案是否定的，则要在心里多打个问号：他们为什么会录用我？多长个心眼便少一分受骗的可能。

（五）拒交各种名义的费用

任何招聘单位，以任何名义向求职者收取押金、风险金、报名费、培训费等行为，都属非法行为。招聘单位培训本单位的职工，也不允许收取培训费。大学毕业生凡遇到此类情况，要坚决拒交，并向招聘单位所在区、县劳动保障监察大队举报，以确保自己的合法权益不受损害。

（六）注意自身信息安全

一些居心叵测的用人单位还利用求职者提供的个人信息进行一些违法活动。因此，大学生在求职的过程中，应当特别留心自身的信息安全。一般情况下，应聘时不要填写过分详细的信息资料，如家庭详细地址、家人联系电话等；上交证件时也要尽量避免交出原件。

（七）及时寻求法律保护

求职大学生一旦发现上当受骗，要及时向用人单位所在地投诉和报案。若被投诉对象为合法机构，求职者可以找人力资源和社会保障部门；若被投诉对象是无证无照经营的中介公司，求职者可以同时投诉到市场监管部门、人力资源和社会保障部门；若受骗情况特别严重、被骗金额较大，或求职过程中人身安全受到威胁，应立即向公安部门报警。

拓展阅读

境外就业时如何预防求职陷阱

随着经济的全球化，大学生毕业后到境外就业的情况越来越普遍，相应地，他们的合法权益受到侵害的事情时有发生。那么，大学生境外就业应该如何防止陷入求职陷阱呢？在此，对境外就业的毕业生提出两点建议：

（1）谨防非法中介机构的陷阱。无论是在国内面对办理出国事宜的中介机构，还是在国外面对外国中介机构，都应该仔细地查看这些机构的资质证明。目前非法境外就业中介主要有以下类型：一是以出境旅游和商务签证代替务工签证，出境就业者没有工作许可证，相当于"打黑工"；二是无照经营的境外就业中介；三是无视任何限制收取高额中介费；四是非法中介机构无视广告法和有关劳动保障法规，乱发假广告，吹嘘境外就业能挣到高额报酬；五是非法境外就业中介机构为谋取经济利益什么单子都接。

（2）境外就业人员必须阅读两本书：一本是2002年7月1日国家正式实施的《境外就业中介管理规定》。该《规定》要求出境就业的中国公民必须与境外雇主直接签订劳动合同，对境外就业中介机构的申办条件、程序、年审、注销、备用金等制度做了明确的规定，从而使中国境外就业人员的劳动权益得到了当地国家劳动法律和劳工部门的双重保障。另一本书是国家外经贸部给出国就业者提供的《出国劳务必读》小册子。这本书的主要内容有：劳务人员的出国信息来源、劳务出国的合法渠道、出国劳务应付的费用、劳务合同的主要内容及其他注意事项等。这两本书对境外就业者应该注意的问题和如何维护合法权益都做了相应的详细介绍。

探索活动

小组讨论

活动目的：

熟悉各类就业陷阱，以便能够准确识别各类就业陷阱。

活动内容：

（1）将全班学生分成若干小组，每组 6～8 人，设组长 1 名。

（2）由组长组织本组成员通过网络、报纸或到当地人才市场搜集与本专业相关的各类招聘信息，以及各类兼职信息，每人搜集 2～3 条。

（3）小组成员对搜集到的信息进行分析，讨论信息是否真实、是否可能存在就业陷阱等，并将讨论结果进行记录。

（4）将讨论结果交给教师，由教师给出相关建议。

活动检测：

活动结束后，教师可根据表 5-4 进行评分。

表 5-4　探索活动评价表

评分标准	分值	实际得分	备注
积极参与活动	20		
活动组织有秩序，时间安排合理	25		
相关记录准确全面，条理清晰	25		
能够准确判断招聘信息的真假，识别其中的就业陷阱	30		
总分	100		

能力训练

参加一次求职招聘

训练目的：

深入了解各类就业陷阱，并尝试有效规避。

活动要求：

（1）分组。将全班学生分成若干小组，每组 4～6 人，设组长 1 名。

（2）每小组任选一次求职招聘活动参加，在参与招聘的过程中积极识别就业陷阱，并寻找有效规避的办法。

提示：在参加招聘的过程中，如果发现疑似存在就业陷阱，不要当场点破，注意保护自身安全。

（3）各小组分享参与求职招聘，以及识别就业陷阱并有效规避的体会。具体内容包括所做过的求职准备工作、所使用的求职技巧、所遭遇的求职难题或骗局等。

第 六 章

适应职业发展

知 识 目 标

➤ 了解学校与职场、学生与职业人的区别。

➤ 掌握初入职场的常见问题的解决方式。

➤ 熟悉职业道德的基本要求。

能 力 目 标

➤ 能够尽快完成职业角色转换。

➤ 能自觉遵守职业道德要求。

➤ 能积极思考职业发展目标。

素 质 目 标

➤ 强化职业意识，自觉锤炼职业精神。

➤ 自觉提升职业道德修养。

➤ 自觉培养工匠精神和劳模精神。

第一节　完成角色转换

案例导入

两年换了9份工作

小刘毕业于某高职学院服装设计与营销专业，今年23岁，毕业后的两年时间里，一共换了9份工作。第一份工作是在一家大型外资企业做设计，他干了3个月；第二份工作是在一家大型私营企业做销售，又只做了3个月；随后的时间里，他换了6份工作，做过销售、跟单员、设计助理等；最后一份工作是一家专卖店的销售员，他仅干了2个星期就辞职了。现在小刘又回到他熟悉的人才市场，又一次重复他已经习惯的动作，投简历→面试→再投简历→再面试。为此，他感到非常苦恼和迷茫，他总是想起学校生活的美好，总感觉工作不如意，行事有规则，干活有压力，同事之间的关系也总是处不好，他不知道自己该怎么办。

问题与思考：

（1）你认为小刘频繁换工作的主要原因是什么？

（2）如果你是小刘，此时你该怎么做？

知识学习

人的一生经历着多次不同社会角色的转换。大学毕业走向社会，就是一种典型的社会角色转换，这个转换在其一生中十分重要。大学毕业生能够顺利地实现角色转换，可以促进大学生尽快地适应新的环境，缩短磨合期。

一、学校与职场的区别

学校和职场的区别，主要体现在以下几个方面：

第一，目的不同。学校的目标是培养人，学生在学校是学知识、练技能的，而职场是使用知识和技能的，企业的目标首先是谋利润、谋发展，然后才是培养人。因此，所有的企业都希望招到有工作经验的员工，都希望新员工能够"召之能来，来之能战"，能够为企业创造财富。

第二，在学校里学生可以"单兵作战"，独自完成各类作业。但在职场上，几乎所有的任务都需要通过团队协作来完成，而且，个人任务的完成情况会受到上一个环节的制约，也会影响下一个环节，甚至影响到整个企业。因此，在职场上，如果不善于与人交流和沟通，不能与人合作，是不能"毕业"的。

第三，学校和职场都看重成绩，但学校看重的是学习成绩，而职场看重的是工作业绩。

第四，学校鼓励学生大胆探索学习方法，提高学习效率。职场则有种种规则和惯例，需要员工用特定的方式去工作。工作后，要养成随时向领导和同事请教的习惯，以便较好地完成工作任务，减少工作中的纰漏。

第五，在学校犯错，后果一般不会危及学校的生死存亡。而在职场，一个小小的失误，不仅会影响个人的发展，还可能会给企业造成重大的损失。

第六，学校的管理相对来说比较松散，学生有较大的自由度。而企业却有着严格的制度，更多地要求服从、遵从，按规章办事，违规即罚。

二、学生与职业人的区别

（一）活动方式不同

学生以学习知识、提升技术技能为主要活动。长期以来，学生角色使大学生处在一种接受外界给予的位置；而职业角色则要求运用自己的知识和能力向外界提供自己的劳动。这种从接收到运用、从输入到输出的转换是一种重大活动方式的改变。接受和输入主要是要记忆和理解，运用和输出则要求结合实际创造性地发挥，因此，有些毕业生，甚至是学习成绩优秀的佼佼者也会感到一时难以适应。

从学生到职业人的转变

（二）社会责任不同

学生的主要社会责任通常体现在学习过程中的责任心；而职业人的社会责任体现在对工作对象的责任中，他们的不负责将直接给社会造成损害。学生走上工作岗位后，社会将以一个职业人的评价标准来对其提出要求，要求其能够独当一面，并与同事亲密合作，充分履行职业责任。

（三）所处环境不同

学生在校园里面对的通常是寝室—教室（实验实训室）—图书馆—食堂四点一线的简单而单纯的校园环境。而职业人在紧张的职场上，要面临快速的生活节奏、紧张的工作和加班，还要承受不同地域的生活环境和习惯差异；由于缺乏实际工作经验，开始工作时往往不能得心应手，工作压力大，甚至可能有较大的心理负担。

（四）人际关系复杂程度不同

在强调团队和协作精神的今天，和谐的人际关系对职业发展举足轻重。有些毕业生虽然能力很强，但因为与领导、同事相处不好而陷于困境，成为其职业发展的绊脚石。相对于学校中的师生关系、同学关系，职场中的人际关系更为复杂，行业之间有竞争，单位中的同事、上下级之间的利益冲突，牵扯到业绩好坏、薪水增减、职务升降等具体问题，往往表现得纷繁复杂，此时学会处理各种关系显得尤为重要。

三、初入职场的常见问题及解决方式

（一）角色转换问题

角色是指与人们的某种社会地位、身份相一致的一整套权利、义务的规范与行为模式。大学生在校园里的主要任务是学习，其主要角色为学生角色。步入职场，毕业生面对的是崭新的工作条件、现实化的专业内容，其所扮演的角色也发生了变化，谁能尽快实现角色转换，谁就能掌握主动权。

1. 正确认识新的角色

转换角色首先要了解新的职业角色的性质、社会意义、工作要求、劳动条件、行业规范，包括技术规范、职业道德、纪律等，从思想感情上重视它、接受它、热爱它。

2. 安心本职，脚踏实地

刚走上工作岗位的大学生应尽快从大学的学习生活模式中解脱出来，全身心地投入到新的工作中去。许多大学生工作几个月后，还不能静下心来安心于本职工作，这对角色转换的实现是十分不利的。

3. 甘于吃苦，乐于奉献

甘于吃苦是角色转换的重要条件，只有甘于吃苦，才能面对现实，克服在角色转换过程中遇到的种种困难，及时进入角色。乐于奉献是完成角色转换的重要标志。大学生走上工作岗位后，应当从一开始就严格要求自己，树立主人翁意识，增强社会责任感，培养积极奉献的精神，不计较个人得失，勤勤恳恳，任劳任怨，努力承担岗位责任，促使自己更好、更快地完成角色转换。

求职就业案例

小溪毕业后进入一家杂志社担任编辑，由于文笔出色、工作认真，赢得了领导和同事的一致好评。不过，杂志社提供给新员工的薪水比较低。工作了一段时间后，有的新员工开始抱怨："原以为进了这家杂志社能拿到很好的薪水和福利，没想到工作都快一年了，也没涨过工资。"

当时杂志社正在进行一系列新刊物的编辑工作，每个人都分配了不少任务。然而，杂志社并没有打算增加人手，编辑部的人也经常会被派往其他部门去帮忙。这样一来，不仅新员工，就连老员工也开始出现不满情绪，整个编辑部只有小溪乐意接受领导的指派。

两年以后，当初和小溪一起入社的员工，有的已经辞职，有的虽然还在编辑部，但待遇仍然没有太大提升。而小溪不但薪水翻了几倍，还当上了编辑部的负责人。

启智润心

一些初入职场的毕业生对自己抱有很高的期望，认为自己一开始工作就应该得到重用，薪水俨然成了他们衡量成功的唯一标准。切记工作不只是为了薪水，更是为了获得成长，为了服务社会。当自身成长到一定程度时，自然会得到升职加薪的机会。

（二）自身能力问题

事实表明，一个人在学校学到的东西是有限的，大部分知识和能力仍需在工作实践中学习、锻炼和提高。尽管大学生在校期间已经学到了一定的知识，但其能力与岗位要求还存在着一定的差距。因此，大学生要根据岗位工作的实际需要，通过向有经验的领导、同事请教和自学，掌握一些相关知识和技能，尽快地熟悉相关业务，早日胜任本职工作。

（三）人际关系问题

人际关系是各种社会关系得以实现的基础，是人与人直接联系的媒介，大学生必须学会处理职场中的人际关系。

谁更会"聊"？
职场社交真相大揭秘

1. 处理好与同事的关系

同事之间是天然的合作者，又是客观的竞争者。这种微妙的关系，必然使人产生既渴望合作又警觉竞争的复杂心理。要想与同事建立良好的人际关系，需注意以下几点。

（1）相互尊重。相互尊重是处理好任何一种人际关系的基础，同事关系也不例外，要友好平等地与同事相处。对待同事不仅要做到以礼相待，而且要注意不能厚此薄彼。不能在背后议论同事的隐私和损害同事的名誉，不要在上级面前诋毁、攻击同事。

（2）关心同事。同事遇到职位变化、工作受阻和挫折不幸时，要能及时地给予真诚的关心和帮助，及时地伸出援助之手为同事排忧解难。这样可以增进双方之间的感情，使同事关系更加融洽。

（3）公平竞争。工作中存在竞争是不争的事实，竞争能促进工作的有效开展。但是切记：同事之间要公平竞争，不能在背后耍心眼，贬低别人抬高自己，甚至踩着别人的肩膀往上爬。

（4）宽以待人。同事之间经常相处，误会在所难免。如果是自己的失误，应主动向对方道歉，以获得对方的谅解；当对方误会自己时应主动向对方说明，不可"小肚鸡肠"，耿耿于怀。

切忌意气用事使事态复杂化，以致产生严重后果。如果问题比较严重，可请求上级帮助解决，必要时可诉诸法律，但绝不可凭血气之勇而蛮干。

2. 处理好与上级的关系

领导对下属的职业发展和职位升迁有裁决权、评判权，处理好与领导的关系是十分重

要的。

（1）尊重上级。单位的领导一般具有较高的威望、资历和能力，有很强的自尊心。作为下级要经常肯定上级的领导水平，保持其主角地位，适应其工作方法，以维护领导的威望和自尊。

在工作交往中，对上级的尊重可以通过以下的行为方式得以体现：① 遇到上级主动称呼问候或让路；② 上下汽车、进出大门和电梯时应让上级先行；③ 经常向领导请示、汇报工作情况，听取上级对工作的意见和指导；④ 与上级交谈时认真倾听，不能顶撞上级，特别是公开场合尤其要注意。即使与上级的意见相左，也应在私下与其说明。

（2）服从安排。领导对下属有工作方面的指挥权，对领导在工作方面的安排和指挥，下级必须服从。上级布置的工作任务要坚决完成，其正确的意见和指示要坚决执行。这不仅是工作顺利开展的重要保证，也是作为下级最基本的礼节礼貌。

（3）学会体谅。上级在工作中由于受到主观、客观条件的影响，难免会遇到各种困难，下属应该体谅上级的难处，不能轻易因为某些要求未得到满足而对领导产生不满。当领导遇到困难，下属应该主动为其排忧解难。这样既可以避免与上级产生矛盾，又能拉近与上级之间的关系。

（4）注意沟通。工作中要经常与上级进行沟通，不失时机地与上级交换意见，让上级了解你的想法。只有经常与上级沟通，上级才会更深一步地了解你、重用你。

（5）虚心接受批评。在上级批评自己时，一定要虚心接受、坦率认错、及时道歉。哪怕错误不在自己，也要心平气和地向上级说明情况。

想一想

小王就读于某学校会计专业，毕业时参加了某公司的招聘考试，并顺利进入该公司工作。毕业初期，怀着对工作的向往，小王干劲十足。可是她渐渐发现许多工作无法按照自己意愿进行，和领导、同事的关系也远比同学关系复杂。郁闷时，她更加怀念大学生活，感叹好日子已一去不复返。

想一想小王应如何摆脱这种困境？

拓展阅读

初入职场实现角色转变的八道关

心态关

初从学校到社会，不适应、无名的失落和惆怅是很正常的。如果你刚刚参加工作就有辞职的冲动，一定要理性地战胜感性冲动，应先问问自己：自己的失落和惆怅到底来自哪里？是不是需要再多适应一段以后再决定是否离开？

人际关系关

在单位，就必须学会与各种各样的人打交道。想要与同事们尽快熟悉，可以帮助他们多做点事。对于新人来说，应端正自我认知，诚心向同事请教，踏实提高业务水平，友善待人，拿捏好分寸。

理想关

学生时期总会有各种各样的理想，但理想并不等于现实，现实与理想之间还是有一定差距的。要理性地对待自己的工作，不能因为一时的成绩而得意忘形，也不能因为一时的挫折而垂头丧气。要有信心和耐心，要清楚地知道，成功是靠自己一步步走出来的。

业务关

工作中需要的知识常常是多方面的，仅仅靠在学校学习的专业知识和技能是远远不够的，需要学习其他各方面的知识和技能。初入职场，特别要注意避免眼高手低。"小事不愿干，大事干不了"是刚参加工作的人常犯的毛病。要注意大处着眼、小处着手，一丝不苟地做好每一件"小事"，可为以后做"大事"积累资源。

意识关

意识关包括以下三点：① 在职场最重要的是责任，必须努力做到"干一行，爱一行"；② 职场要求的是高度理性行为，要学会做事由情绪左右转变到职业驱动；③ 职场人考虑的往往是经营绩效和利润，会读书和会创造利润之间并不是天然的正相关。

生活关

初入职场，早晨准时上班，下午准时下班，或许晚上还会加班，再加上工作上的压力，会有些让人吃不消。其实，职场上的生活才是一个人真实的生存状态，工作和生活有矛盾，但并不是不可调和。在繁忙的工作之余，不要疏远了自己的亲人、朋友。

作风关

进入职场，就必须每天与自己的惰性做斗争，上班绝不能迟到，如果能够做到比别人提前十几分钟到达办公室，提前搞好卫生，对你尽快融入新环境会很有帮助。另外，也要加注意自己的仪表仪容，这不仅是为了展示个人的良好形象，也是为了符合公司的风格。

行为规范关

每家公司都有严格的规章制度，作为新人必须绝对遵守，不能踩线。例如，不能用办公电话打私人电话、工作期间不准打游戏等。除了成文的规定外，通常还有一些约定俗成的规则，一般来说，这些规则虽然公司没做硬性规定，但也需要自觉遵守。

探索活动

情景小剧场——职业角色模拟

活动目的：

更加直观地了解职场与学校的不同，体验学生角色与职业角色的不同，以便走上工作岗位后能够更好地完成职业角色的转换。

活动要求：

（1）将全班学生分成若干小组，每组 6 人，设组长 1 名。

（2）每小组从以下情境中选择一种情境进行模拟训练：

① 实习时，同事都将复印、打扫等工作交给你去做。

② 在办公室接到客户投诉公司产品质量问题的电话。

③ 所在公司遭遇媒体的负面新闻报道，但该报道与事实不符。

④ 面对一名挑剔、刁难、不好应付的客户。

⑤ 与同事因小事发生冲突。

⑥ 主持重要会议时，突然有人捣乱不配合。

（3）学生也可以根据自身专业特点设计其他合适的情境。

（4）在进行模拟训练时，需根据现实情况对情境进行进一步细化设计。

活动检测：

活动结束后，教师可根据表 6-1 进行评分。

表 6-1　探索活动评价表

评分标准	分值	实际得分	备注
剧情编排合理，符合现实情况	25		
在情景剧中能够针对工作中所遇到的问题，提出合理的解决办法	25		
表演人员口齿清晰，表演流畅	25		
积极参与活动	25		
总分	100		

能力训练

职业体验

利用假期或课余时间，到企业实习或找一份兼职，进行职业体验。结束后，与同学们进行讨论交流：你认为进行职业角色转换时，最大的困难是什么？应如何解决？

第二节　锤炼职业精神

案例导入

责任感的重要性

陈佳和张明同在一家速递公司，是工作上的搭档，由于他们工作一直都很认真努力，老板对他们的表现很满意，准备从他们两人当中提升一名经理。张明精明能干，办事灵活，深得老板的赏识，老板在心中已经暗暗决定了经理一职的人选。然而，一件事改变了两个人的命运。一次，陈佳和张明负责把一件大件包裹送到码头。这个邮件很贵重，是一个古董，老板反复叮嘱他们要小心。到了码头，陈佳把邮件递给张明，张明却没接住，邮包掉在了地上，古董被摔碎了。

老板对他俩进行了严厉的批评。"老板，这不是我的错，是陈佳不小心弄坏的。"张明趁着陈佳不注意，偷偷来到老板办公室对老板说。老板平静地说："谢谢你张明，我知道了。"随后，老板把陈佳叫到了办公室。"陈佳，到底怎么回事？"陈佳将事情的原委告诉了老板，"这件事情是我们的失职，我愿意承担责任。"

陈佳和张明一直等待处理的结果。过了几天，老板将他们两人叫到了办公室，说："其实，古董的主人已经看见了你们在码头递接古董时的现场情况，他跟我说了他看见的事实。还有，我也看到了问题出现后你们两个人的反应。我决定，陈佳，留下继续工作并升职为经理，用你的工作来弥补公司的损失。至于张明，明天你不用来上班了。"

问题与思考：

（1）企业为什么注重员工是否具有责任感？

（2）作为员工，在工作中除了责任感之外，还应具备哪些职业素质？

知识学习

一、职业道德基本要求

职业道德，就是指从事一定职业的人在职业活动中应当遵循的具有职业特征的道德要求和行为准则。职业道德具有时代性和历史继承性，在不同的历史时期有不同的要求。现阶段，社会主义职业道德的基本要求是"爱岗敬业、诚实守信、办事公道、服务群众、奉献社会"。

（一）爱岗敬业

爱岗就是热爱自己的工作岗位，热爱本职工作。敬业就是用一种严肃的态度对待自己的工作，勤勤恳恳、兢兢业业，忠于职守。爱岗敬业的基本要求是：干一行爱一行，爱一行钻一行；精益求精，尽职尽责；"以辛勤劳动为荣，以好逸恶劳为耻"。爱岗敬业不仅是社会对每个从业者的要求，更应当是每个从业者的自我约束。

（二）诚实守信

所谓诚实，就是忠诚老实、不讲假话。所谓守信，就是信守诺言、说话算数、讲信誉、重信用、履行自己应承担的义务。诚实守信就是要以真心真意的态度来待人接物，坚守信诺、表里如一、言行一致。

（三）办事公道

公道就是公平、正义。办事公道是指从业人员在职业活动中要做到公平、公正，不谋私利，不徇私情，不以权害公，不以私害民，不假公济私，恰如其分地对待人和事。在办理事情、解决问题时，要客观地判断事实，重视证据，公正地对待所有当事人，不偏袒某一方，更不能作为某一方的代表去介入。

（四）服务群众

所谓服务群众就是在职业活动中一切从群众的利益出发，为群众着想，为群众办事，为群众提供高质量的服务。服务群众是"为人民服务"的精神在职业活动中的最直接的体现。

（五）奉献社会

奉献社会，就是要求从业人员在自己的工作岗位上树立起奉献社会的职业理想，并通过兢兢业业地工作，自觉为社会和他人做贡献，尽到力所能及的责任。这是社会主义职业道德中最高层次的要求，体现了社会主义职业道德的最高目标指向。

二、做高素质的职业人

（一）培养责任意识

责任意识，是指一个人在生活或工作中对待他人、家庭、组织和社会是否负责，以及负责的程度，是不同社会角色的权利、责任、义务在人脑中的主观映像。它包含两方面的内容：一个人既要对自己的行为后果承担责任，又要对他人和社会负责。

一个具有良好的责任意识的员工，至少应做到以下几个方面。

1. 认真做好本职工作

一个职业人责任感的主要表现就是要做好本职工作。为了所在单位的发展，也为了自己的职业前程，我们必须踏踏实实地做好本职工作。事实上，那些在事业中卓有成效的人，无论从事的是平凡普通的工作还是所谓"高大上"的工作，无不用高度的责任心和严格的标准来对待自己的工作，与其说是努力和天分造就了他们的成功，倒不如说是强烈的责任心促成了他们的成功。

2. 时刻维护组织的利益和形象

时刻维护组织的利益和形象，是一个员工最基本的责任。用人单位主要是各种社会组织，如企事业单位、国家机关、民办企业等。良好形象和声誉是组织宝贵的无形资产，这笔无形资产使得它比同类其他组织具有更高的声誉、更强的竞争力和更辉煌的发展前景。组织的发展可以产生经济利益和社会效益，为社会做了贡献，也为员工的经济待遇和职业发展奠定了基础。因此，每个员工都应该确立组织利益高于个人利益的观念。

3. 严格遵守组织的规章制度

俗话说：没有规矩，不成方圆。任何组织的科学管理都离不开规章制度。规章制度使员工明白自己应该担负的责任和义务，对员工的言行起导向作用，也是组织能够有效运行的最基本法则。因此，作为一个有责任感的员工，恪守组织的规章制度是基本责任。

4. 正视工作中的失误，勇于承担责任

"人非圣贤，孰能无过"，尤其是初入职场的年轻人，更是难免会有工作失误。那么，从一个人对待失误的态度就可以清楚地看出他的责任感。一个缺乏责任感的人，总爱把工作成绩归于自己，而把工作失误推给别人或客观条件。这种做法必然损害组织利益，也有损自身形象。在任何组织中，上司或同事都不会认同这种人。相反，一个有责任感、能够正视自己的失误并及时改正、设法补救的人，很容易得到上司的信赖和同事的认可。

（二）强化敬业意识

在当今社会，一个人是否具备敬业精神，是衡量员工能否胜任一份工作的首要标准，因为它不仅关系到企业的生存与发展，也关系到员工的切身利益。

1. 以主人翁的精神对待职业活动

企业兴亡，员工有责。企业的命运和每个员工的工作质量、工作态度息息相关，因此，每个人都须认清自己的位置，以主人翁的精神来对待职业活动，树立"企兴我荣，企衰我耻"的意识。主人翁精神是敬业意识的重要因素，这种精神可以从两个方面体现出来：一是要把自己当成组织的主人；二是要把组织的事当成自己的事。如果我们每个

人每时每刻在职场上、在每件事情上都能保持这种精神，那么我们就能慢慢地将此养成一种习惯，拥有敬业意识。

求职就业案例

沈阳铁路局吉林工务段铁路巡道工刘学臣，20多年就就业业做好本职工作，每天只身徒步巡走 15 公里铁道线，弯腰巡检 1 000 多次，26 年用脚丈量铁路 11 万多公里。他发现的轻伤、重伤钢轨 100 多根，伤损鱼尾板有近千块，防治各类事故近 50 起，并将一次可能车毁人亡的危险及时化解，保证了铁路大动脉的安全畅通。

也许有人会问是什么力量在支撑着他如此敬业。答案很简单，就是他对自己工作发自内心的热爱，因为"爱岗"所以敬业。工作对于他而言，已经超越了谋生的层次，而升华为实现自我价值的途径。

启智润心

可见，一个从业者一旦有了主人翁的意识，就能够把个人价值的实现与职业价值的提升联系在一起，对所从事的职业产生强烈的责任感，进而产生积极而高效地投入工作的动力。

2. 谨防和克服工作中出现不敬业的陋习

职场中，有人养成了良好的敬业习惯，也有人缺乏对岗位的认同和敬畏之心，进而做出了一系列不敬业的行为。根据相关的调查研究，员工不敬业的表现主要有：三心二意、敷衍了事；不求有功、但求无过；明哲保身、逃避责任；怨天尤人、不思进取等。实践证明，养成不敬业的陋习的人，长此以往，很可能会陷入一个恶性怪圈：思想狭隘守旧、工作绩效不佳、难于晋级加薪及不敬业程度进一步加深。此外，由于不敬业者浪费资源、贻误工作、影响绩效，也必然给组织带来损害，这些人自然也会成为组织裁员的对象。

3. 在工作中努力实践敬业三境界

敬业的第一境界是乐业。首先要培养对自己职业的兴趣，要乐于从事自己的职业，即热爱这个职业，这是敬业最重要的一个前提。只有这样，工作再苦再累都会乐在其中，即所谓"痛并快乐着"。

敬业的第二境界是勤业。勤业并不是机械地重复自己每天的工作，而是要有意识地锻炼自己，不断总结经验教训，以提高工作效率、创造更大价值。

敬业的第三境界是精业。它要求员工对本职工作精益求精，胜不骄、败不馁，戒骄戒躁，练就一流的业务能力，力争成为行业领域的行家里手、业务骨干；同时，随着社会的发展和科技的进步，精业还要求员工动态地维持其一流的业务水平，即不断学习新知识和新技术，与时俱进，使自己的业务能力更上一层楼，真正做到精于此业。

求职就业案例

郑佳 43 岁时就已经成为某快餐连锁店的总裁，他是该快餐连锁店的首位中国籍掌门人。

1976 年，年仅 15 岁的郑佳走进了该快餐连锁店的一家门店，他想打工挣点零用钱，也没想过以后在这里会有什么前途。结果他被录用了，工作是打扫厕所。虽然这活又脏又累，但郑佳十分负责，做得十分认真。

郑佳是个勤劳的孩子，常常扫完厕所，就去擦地板；擦完地板，又去帮着洗餐具。不管什么事，他都认真负责地去做。他的表现令该快餐连锁店打入中国餐饮市场的奠基人赵烨心中暗暗欢喜。没多久，赵烨说服郑佳签了员工培训协议，把郑佳引向正规职业培训。培训结束后，赵烨又把郑佳放在店内各个岗位上轮岗。虽然只是做钟点工，但悟性出众、肯于钻研又能吃苦耐劳的郑佳不负赵烨的一片苦心，经过几年锻炼，全面掌握了该快餐连锁店的生产、服务、管理等一系列工作。19 岁那年，郑佳获得提升，成为该快餐连锁店最年轻的经理。

启智润心

从案例中可以看出，一个人工作敬业，表面看是为了老板，其实更是为了自己。因为敬业的人能从工作中学到比别人更多的经验，而这些经验便是他向上发展的垫脚石。有些人的能力并不突出，但是因为他们养成了敬业的习惯，他们身上的潜力便会被逐渐挖掘出来，从而得以提高办事效率，增强自身实力，使自己成为一名优秀员工。

（三）加强诚信意识

诚信是一个人的立身之本，也是一个职业人不可缺少的职业素养。

1. 忠诚于企业

作为员工，只有忠诚于企业，才能通过企业为自己提供的职业发展平台实现自己的职业理想和人生价值。员工要关心企业发展，自觉维护企业信誉，在企业中安心工作，自觉将企业的兴衰和自我的发展联系在一起，用自己的能力和才华为企业的发展贡献自己的力量。

2. 取信于同事

在职场中，良好的人际关系是我们顺利开展工作的保障。抛弃虚伪、以诚相待、以信为荣的人际关系，才是最和谐、最美好的。没有和团队的精诚合作，孤军奋战，在现代职场中会让我们举步维艰，很难成功。在企业中，无论是与人相处，还是开展工作，都要实事求是、坚持原则、信守承诺，与同事平等竞争，不弄虚作假，不营私舞弊。

3. 正确看待利益

在对待利益的问题上，我们要善于处理自我利益与他人利益、眼前利益与长远利益的关系，要坚持诚信的品质，不受眼前利益的诱惑，坚持自己的原则。如果我们把个人利益看得高于一切，就会迷失自我，变成一个自私自利、目光短浅的人；如果我们将个人利益与企业、社会的利益统一起来，不仅能取得个人事业的成功，也能为企业的发展和社会的进步做出更大的贡献。

求职就业案例

小李是一家金属冶炼厂的技术骨干。由于该厂准备改变发展方向，小李觉得该厂不再适合自己，就准备换一份工作。

经过选择，小李来到了一家企业面试。负责面试小李的是该企业负责技术的副总经理，他对小李的能力没有任何挑剔，但是向他提出了一个问题："我们很高兴你能够加入我们企业，你各方面都很出色。我听说你原来的单位正在研究一种提炼金属的新技术，你也参与了这项技术的研发，我们也在研究这项新技术，你能够把原单位研究的进展情况和取得的成果告诉我们吗？这也是我们邀请你加盟我们企业的原因之一。"

小李回答说："你的问题让我十分失望，我不能答应你的要求，因为我有责任忠诚于我的企业。尽管我已经离开了，但任何时候我都会这么做，因为信守承诺比获得一份工作重要得多。"

小李身边的人都为他的回答感到惋惜，因为这家企业的影响力和实力比他原来的单位要大得多，在这里工作是很多人梦寐以求的。就在小李准备去另一家公司应聘的时候，那位副总经理给小李发来了一封邮件，在邮件中他这么说道："李先生，您被录取了，并且是做我的助手，不仅是因为你的能力，更是因为你的忠诚！"

启智润心

从上述案例中可以看出，诚信是一个人的立身之本，员工只有忠诚于企业，才可能得到企业的信任和赏识，并真正地被企业委以重任。

（四）树立竞争意识

竞争无时不在、无处不有。只有树立竞争意识，时刻拥有进取心、追求更高的目标、不断提升自己的价值和竞争能力，才能不被日益进步的社会和不断更新的工作所淘汰。

1. 培养危机意识

当今社会的就业形势是"能者上，平者让，庸者下"，竞聘上岗，优胜劣汰，在职人员稍有懈怠，随时都有失业的可能。职场员工如果缺乏这种忧患意识和危机感，不好好珍惜所拥有的一切，对工作敷衍了事、安于现状、不思进取，那么不但不可能加薪升职和有更好的发展，而且连工作都可能无法保住。

求职就业案例

张某来自一个普通的农村家庭，毕业后，成绩突出的他在一家大型企业找到了令同学们羡慕的工作，张某自己对这份工作也很满意。工作不久，张某对自己的工作就已应对自如，他每天都按部就班地完成上级分给自己的任务。5 年后，张凯坐上了主管的位置。

又过了几年，意料之外的事发生了，张某所在的企业突然被另一家竞争对手企业收购，接着就是机构重组。张某和其他一些老同事被列入了待安置人员的名单中。张某也考虑过下海或跳槽，但是年龄已大，而且这么多年搁置了对新知识的学习，他最终没有勇气做这样的决定。

资料来源：道客巴巴

启智润心

从上述案例中可以看出，职场竞争从来都是激烈无比的。对于职场上的每一个人来说，没有危机意识和竞争意识，会让自己迷失努力的方向，从而被别人轻松超越，直至被淘汰。大浪淘沙，淘的不是年龄大的人，而是年龄大却依旧没有竞争力的人。如果与同行相比，自己已经失去了竞争力，那就主动改变，认真学习技术，提升个人竞争力。学会顺势而变、尽力而为，为自己积攒不可替代的技能，才能长期立于不败之地。

2. 提高职业素养

竞争不是单纯的争强好胜，它既要求个人有旺盛的竞争意识，更要有良好的职业能力。激烈的职场竞争主要是职业能力的竞争。因此，大学生在校期间就要确定职业目标，学好专业理论知识和技能，强化职业能力。此外，还要重视职业道德、职业意识、心理素质、沟通能力和团队精神等的提升。

3. 正确处理竞争与合作的关系

竞争与合作是相伴而行的。竞争离不开合作，竞争获得的胜利，通常是某一群体内部或多个群体之间通力合作的结果；合作也离不开竞争，竞争促进合作的广度和深度，合作又反过来增强竞争的实力。正是这种竞争中的合作和合作中的竞争，推动着人类社会不断发展和进步。因此，步入职场的大学生一定要协调好竞争与合作的关系，既要有竞争意识，还要有团队合作精神。

（五）学习劳模精神

"劳动模范"简称劳模，是指在社会主义建设事业中成绩卓著的劳动者，经职工民主评选、有关部门审核和政府审批后被授予的荣誉称号。在我们党团结带领人民进行革命、建设、改革各个历史时期，广大劳动模范以高度的主人翁责任感、卓越的劳动创造、忘我的拼搏奉献，谱写出一曲曲可歌可泣的动人赞歌，为全国各族人民树立了光辉的学习榜样。每一个时代的劳模都有其特点，但无论时代如何变迁，永远不变的是劳模精神的本质。

"爱岗敬业、争创一流，艰苦奋斗、勇于创新，淡泊名利、甘于奉献"的劳模精神，是工人阶级伟大品格的具体体现，生动诠释了社会主义核心价值观，丰富了民族精神和时代精神的内涵，是激励全国各族人民团结奋斗、勇往直前的强大精神力量。

大学生要以劳模为榜样，向劳模学习，在工作中践行劳模精神。

第一，勤问好学，带着"问题"去学。学习劳模是如何在本职岗位上做好本职工作的。要带着自己的思考，带着自己的问题去学，有学习才有进步，有问题才有进步。

第二，取长补短，带着"镜子"去学。劳模就是一面镜子，通过这面镜子，找到差距、发现不足，并认真地分析自己存在差距的原因，不断努力缩小差距，逐步向劳模靠拢看齐。此外，还常照照"劳模"这面镜子，做到持之以恒向劳模学习，不断克服"小胜即满"的肤浅认识。

第三，尊师重教，带着感情去学。劳模的闪光点就在于他们把工作当事业，把付出当追求，在平凡的岗位上发光发热，值得尊敬。学习劳模精神，首先就要尊敬、尊重劳模，带着一种深厚的感情去学，带着真诚的心去学习，学习劳模如何在平凡的岗位上做出不平凡的业绩。

（六）培育工匠精神

工匠精神是劳模精神当代品格的核心要素。从本质上讲，工匠精神是一种基于技能导向的职业精神，它源于劳动者对劳动对象品质的极致追求，它具有精益求精、专注执着、严谨慎独、创新创造、爱岗敬业，以及情感浸透、自我融入的基本内涵，既表现了极致之美的品质追求，又体现了敬业之美的精神原色，更展现了创造之美的价值升华。工匠精神的核心是对品质的追求，工匠精神的目标是打造本行业的精品。

当前，我国经济发展正处于转型升级的关键时期，培育和弘扬工匠精神对于提升我国产品质量、建设质量强国和制造强国具有特殊重要的意义。

对于个人而言，工匠精神体现了对自己所从事的职业的尊重、热爱和坚守，也体现了对消费者、对社会高度负责的态度。大学生要以各行业各领域的技能大师为榜样，向他们学习，培育自身的工匠精神。首先，应强化责任意识和职业操守。无论是在原材料选取、产品设计环节，还是在生产加工、售后服务环节，都应保持认真负责的态度，坚持高标准、严要求，努力生产出社会需要的产品。其次，应树立职业理想。"三百六十行，行行出状元。"每个人无论身处何种岗位，都应该有追求卓越的理念。对于一线员工和专业技术人员来说，就应树立成为"中国工匠"的职业理想。在工作中应有终身学习的态度和刻苦钻研的精神，不断提升自身的专业技能，在打造更多享誉世界的"中国品牌"中成就自己的精彩人生。

求职就业案例

魏红权：在平凡岗位上做最好的自己

1985年魏红权从武重技校毕业，分配到武汉重工厂从事钳工工作。参加工作后的他很快进入了角色，开始跟着师傅学基本功。魏红权师从"全国劳动模范"余维明，他在工作中苦练基本功，挫、刮、锯、斩，样样按照师傅教的操作方法反复练习，还常利用下班和周末休息时间到书店购买相关书籍进行自学。他很快掌握了各项基本技能，在工作中不断成长，独当一面，并立志要做像师傅一样的人，受人尊重、为厂争光。

"研磨大师"魏红权

20世纪90年代初，厂里承接中德合资企业28套汽车专用模具生产任务，产品包括复合多冲头模具、弯曲成形模具、冲压剪切模具等，模具板材厚度均为16 mm，要求使用寿命达万次以上。而当时加工技术存在技术难度，厂里多次召开专题会并讨论解决方案，当时工作仅七年的魏红权大胆提出个人方案，该方案提出后得到了领导和老师傅们的认同和支持，经过进一步完善立即应用于生产过程中，并进行反复模具装配试冲，终于攻克难关达到质量要求，最后得到德国专家的高度肯定，圆满完成该项目的生产任务。

在国家"863"计划项目中，武重集团承担用于加工重型船用螺旋桨制造的七轴五联动数控重型车铣复合机床CKX5680的研制。项目中，魏红权独立解决装备中出现的主轴、万能旋转摇摆铣头、直角铣头精度超差难题，确保重型水下螺旋桨加工的精度要求，满足国防装备建设需要，该项目荣获了"国家科技进步二等奖"。同时，魏红权解决完成国家科技重大专项项目"DL250超重型数控卧式铣床主轴顶尖锥孔精度超差"难题，通过对轴向轴承的提精及采用对主轴锥孔自磨和研磨的加工方法，确保了产品质量，该项目打破了国外技术封锁和限制，成功地为国家战略装备的研制提供了关键的加工技术保障，该机床荣获"中国机械工业科学技术"一等奖。

2016年10月24日上午，由教育部、全国总工会等单位主办的"大国工匠进校园"湖北首场活动在武汉职业技术学院隆重举行。中国兵器首席技师武重集团魏红权应邀参加该活动，并现场进行装配技术和研磨技术实操展示。他利用十多分钟时间，将原本普通的零件表面由雾面变成平整光亮的镜面，赢得现场观众一阵赞叹和掌声。

启智润心

魏红权坚守在一线岗位，脚踏实地、精益求精，将一项平凡的工作做到工匠境界，奉献于中国制造，用自己的实际行动诠释着工匠精神。魏红权说："工匠精神就是要追求完美，要对自己的职业有执着的追求，要有锲而不舍的精神，坚守岗位、努力奋斗，在平凡的岗位上做最好的自己。"在今后的工作中，我们要向魏红权这样的工匠大师学习，对待工作兢兢业业、一丝不苟，在平凡的岗位上做最好的自己。

拓展阅读

初入职场，有哪些事情一定不能做？

1. 要么闷声不吭，要么滥问问题

初入职场的新人容易走入极端：要么一言不发，出问题了就自己闷头解决，要么就一天到晚问题不断。前者会让同事觉得你不上进，后者会让同事觉得你很烦人。那么如何拿捏这个尺度呢？首先求助搜索引擎，大部分技能类、常识类的问题都可以通过搜索来解决。如果搜索引擎不能解决，再去问同事。刚入职一定会遇到很多流程上面的困惑，问问旁边的同事就能很快解决。

2. 毫不掩饰自己的负面情绪

很多学生习惯了释放自己的负面情绪，不开心了就耷拉着脸……然而不让主观因素影响自己的工作情绪也是专业的一种表现。喜欢带着负面情绪工作的人，往往都是同事避而远之的对象。办公室里面谁也不会喜欢一个经常带着负面情绪工作的人。

所以不管你的心情好不好，遇到了什么委屈的事，既然来到公司上班，那就把注意力专注在工作上，尽量避免把这些负能量传递给他人。在平时也要保持乐观向上的心态，营造一个良好的工作环境。

3. 在同一个问题上连续犯错

在同一个问题上连续犯错，要么是因为你的态度不认真，要么就是你的学习能力太差了。无论是哪一种，给人的印象总归都是不好的，前者会让人觉得工作态度敷衍，后者会让人觉得难以委以重任。所以，要尽量避免犯这种低级错误。可以培养记录的习惯，准备一个便携的笔记本或是在自己的电脑上建立一个文档，及时记录下自己的错误及正确做法，并定期总结一下。

4. 没有时间观念

在职场中，没有时间观念是大忌。尤其在职场团队协作过程中，每个人都有自己的位置，每个人的时间都是宝贵的。工作是环环相扣的，因为你的延期可能导致整个项目延期。即使只是开会迟到了，同样可能也会影响到其他同事。因此，初入职场的新人一定要培养好自己的时间观念，最好能早于规定的时间到达或者提交任务，为他人预留一点准备时间。

探索活动

劳动模范故事分享会

活动目的：

感悟劳模精神，自觉树立具有时代特征的职业道德观念和就业观。

活动内容：

（1）提前一周宣布"劳动模范故事分享会"活动安排。

（2）将全班同学分为若干个小组，每组 10 人左右，选出小组负责人。小组成员分工负责收集资料、制作 PPT 幻灯片、讲故事等各个环节的工作。

（3）每位小组成员首先在组内共享资料、分享成果，选派一名最优秀的代表参加全班的故事分享活动。

（4）评选出幻灯片制作得最好和故事讲得最精彩感人的小组进行奖励。

（5）班级每位成员写出参与劳动模范故事分享会的心得体会，张贴在班级宣传栏进行交流。

活动检测：

活动结束后，教师可根据表 6-2 进行评分。

表 6-2　探索活动评价表

评分标准	分值	实际得分	备注
分工合理，相互协作	25		
所选故事具有代表性	25		
PPT 制作精美，讲解清晰流畅	25		
积极参与活动	25		
总分	100		

能力训练

游戏：培养责任心

游戏一

同学们间隔一臂距离站成数排（视班级情况而定，不过于分散为宜），主持人喊口令：喊一时向右转；喊二时向左转；喊三时向后转；喊四时下蹲再起立；喊五时不动。当有人做错要走出队列，站在大家面前先鞠一躬，并举起右手高声说："对不起，我错了。"

游戏二

全班每个学生自备一个生鸡蛋、一个护腕；教师按全班学生人数准备统一的带有封口的塑料袋、胶条、毛线绳。

（1）教师在活动开始前，先向学生宣讲活动规则和注意事项。

① 每个学生将自己视为"家长"，将鸡蛋视为自己的"孩子"，必须按要求将放进塑料袋中的鸡蛋携带在身，保证鸡蛋完好无损。

② 不管鸡蛋是否破损，都不得自行将塑料袋解下来。违规者被视为"失职家长"。学生可互相监督，老师最后也要检查封口。学生如果有左手发力者可以将鸡蛋系在右手上。

③ 学生仍然要照常进行一天的学习生活。不要选取有体育课、劳动课或实验课的日子进行（可根据实际情况，掌握携带时间）。有条件的班级可延长活动的时间。

④ 鸡蛋有裂纹或破损者为"失职家长"。鸡蛋完好无损者可评为"好家长"。注意收集好破损的鸡蛋，没有破损的鸡蛋由学生自行带回。

（2）早上，在第一堂课开始前，教师将写好姓名的塑料袋分发给每个学生。

（3）每个学生在自备的生鸡蛋上写上自己的姓名，放进塑料袋后，每两个学生互相帮助，拿毛线绳将塑料袋用死扣系在左手手腕上（为防伤手，可戴护腕，将绳系住护腕上）。

（4）教师用胶条将扣口封住。

（5）学生开始进行一天的学习生活。

（6）一天的学习生活结束后，教师将学生集合在一起，记录好每个学生塑料袋中鸡蛋的存在状态后，让学生互相帮助解开塑料袋。

（7）教师根据活动结果评出"好家长"。

（8）组织学生谈体会。

第三节 找准发展途径

案例导入

找准定位很重要

小叶是某高校模具设计与制造专业的毕业生。在学校里，小叶成绩优异，且因出色的表现曾经获得过多次荣誉，对此小叶特别骄傲和自豪。小叶工作的第一个企业是国内著名企业。在工作中，小叶展示了自己出色的能力。他觉得，自己比起其他员工要出色得多，于是将其他同事都看得很低。渐渐地，他发现了一些问题：他工作越来越累，大家都不配合他的工作。不久，小叶无法在企业待下去了。因为，没有大家的配合，他就连自己的本职工作都无法胜任。

问题与思考：

你认为小叶失业的主要原因是什么？

知识学习

毕业生如何适应新环境？

一、适应职场，找准定位

大学生习惯了相对单纯的校园生活，走上工作岗位后，常常会感觉到自己与同事之间存在着一些矛盾，工作当中有许多的困难。这些矛盾和困难导致了大学生对职场的不适应，以致无法很好地完成工作任务，影响职业发展。所以，大学生踏上工作岗位后首先应该尽快适应职场，找准自身定位。

（一）尽快融入团队

大学生走出校门，踏入职场的时候，面对的是一个几乎完全陌生的环境。这时，如果能尽快完成从大学生到职业人的角色转换，得心应手地展开工作当然最好。但如果无法适应新的工作环境，就要根据自己的具体情况分析其中的原因，找到解决方法，以尽快融入团队。因为只有尽快融入团队，才能找准自己在集体中的定位。

（1）如果是身体上觉得疲惫不堪，就要学会有张有弛、忙而不乱、有条不紊地工作，这样自然能消除忙乱，适应工作。

（2）如果不适应复杂的人际关系，也不必过于烦恼，只要做到以诚待人、热情得体、不卑不亢，就一定能处理好职场中的各种人际关系。

（3）如果是因为一时不能胜任工作而感到不适应，就应该正视问题，踏实地锻炼自己的业务能力，尽快熟悉业务工作。

（二）理智面对冷遇

大学生走上工作岗位后，由于经验不足等原因，工作中遇到挫折和冷遇是在所难免的。对此，要学会理智分析，正确对待。

（1）谦虚好学。大学生在校学习时，实践的机会较少，实践经验不足。所以，在工作中要虚心地向别人学习，绝不能自以为是。

（2）踏实肯干。在工作中，除了虚心学习以外，还要有实干精神。只要能苦干、实干，脚踏实地地干出一番成绩来，领导、同事一定会投以赞许的目光，冷遇自然会消失得无影无踪。

（3）豁达大度。在工作中受到冷遇，有时不一定是自己的原因造成的，但无论如何，对待冷遇一定要沉着冷静、豁达大度，多从自身找原因，认真总结经验教训，这样才有利于问题的解决，否则只能使问题复杂化。

（三）正确看待挫折

挫折是个人从事有目的的活动时，由于受到障碍和干扰，其个人需要不能得到满足时的一种消极的情绪状态。初入职场，大学生怀着满腔憧憬和美好设想，想在工作中有所作为，但现实往往与理想有较大差距，难免遭受挫折。如果不能及时调整心态，正视挫折，便容易产生失落、消极情绪，影响正常的工作和生活。

（1）进行积极的心理自我防卫，谋求心理平衡。例如，将内心愤懑的消极情绪转化为发奋图强、力争上进的积极情绪。

（2）勇于面对问题。遭受挫折并不可怕，怕的是不敢面对问题。在遭受挫折后，要反问自己四个问题：问题到底是什么？问题的原因是什么？可能的解决方案有哪些？什么是最佳解决方案？坚持以上四问，并努力去解决它，就能真正"笑到最后"。

求职就业案例

小赵和小李同年毕业，同是公司市场部的职员，都是做市场营销的工作。两个人的能力不相上下，每月都能超额完成任务。有时候，小李的任务完成得比小赵的要漂亮得多，但平时很少见到小李微笑的模样，工作一不顺利，他就大发牢骚，甚至冲同事发脾气。而小赵则为人乐观、爽快，有一种知足常乐的态度，他从不被困难吓倒，有时遇到难缠的客户，能自己解决就解决，同事中谁遇到不顺心的事儿，他也是个很不错的倾诉对象。去年年底，小赵晋升为市场部经理，而小李还是普通职员。

资料来源：百度文库

从上述案例可以看出，小赵和小李后来的职位之所以不同，很大程度上是因为两人面对挫折的态度不一样。在工作中，我们应该向小赵学习，遇到困难不退缩，积极寻找解决办法。

（四）虚心接受批评

以什么样的态度对待批评，可以反映出一个人的修养和思想道德水平，也会对其人际关系和工作绩效产生一定的影响。对待批评，不同的人有着截然不同的态度：有的人勇于承认自己的错误，并诚恳地接受批评，总结教训并及时加以改正；有的人受到批评就丧失信心，萎靡不振，甚至自暴自弃；还有人一听到批评便怒火中烧，使领导和同事"敬而远之"。无疑，后两种态度是不可取的。

对刚刚参加工作的毕业生来说，"有则改之，无则加勉""只要你说得对，我就照你说的办"，这才是对待批评的基本态度。而笑纳批评则是对初涉职场的大学生的更高要求。

（五）积极消除隔阂

每个人在与人交往的过程中都可能同他人产生隔阂。积极消除隔阂，促进人际关系的不断发展，是每个毕业生都要注意的问题。只有处理好职场中的人际关系，才能尽快融入团队。

人与人之间产生隔阂的原因是多种多样的，隔阂产生的原因不同，消除隔阂的方法也应有所不同。

（1）交往双方不愿或很少展示真实的自我，从而引起双方对彼此交往的诚意产生怀疑而造成隔阂。如果出现这种隔阂，就应该坦诚相处，以心换心。

（2）交往双方因某件事的误会而造成隔阂。每个人的性格脾气、文化修养、价值观念等存在一定的差异，观察问题、认识问题、处理问题的方法也各不相同。因此，在交际过程中出现一些误会是难免的。对此，应该进行善意的解释，消除误会。

（六）努力钻研业务

对于涉世不深、经验不足的毕业生来说，工作中出现某些差错和失误是难免的，但这并不意味着就可以理所当然地出现差错或失误。在实际工作中，还是应该尽可能地避免差错，或将其减少到最低限度。

首先，要在现任职业岗位上钻研业务，履行职责，很好地完成任务。学历、知识不等于能力，只有把知识应用于实践，它才可能转化为能力。

其次，要正视薄弱环节并加以改进。每个人都有自己的缺点和不足，而缺点和不足往往是造成工作失误的主要根源。因此，在具体的工作中要注意弥补自己的缺点和不足。

最后，要培养良好的职业品德，树立正确的职业理想和职业价值观。这不仅是做好工作、开拓未来道路的需要，而且是处理好各种人际关系的必要条件，是取得同事认可和领导赏识的基本依据。

二、持续努力，实现发展

（一）树立在自己岗位上成才的志向

实践证明，只有立志，人生才有崇高志向和追求，才有精神动力和奋斗意志，才能到达胜利的彼岸。如果胸无大志，没有目标，没有追求，丧失精神动力和奋斗意志，消磨时光，实现成才之路就是一句空话。确立远大志向，不仅使人有了生活目标，而且能激发一个人的奋斗精神和创造热情，从而实现自身最大价值。也正如高尔基所说："一个人追求的目标越高，他的才能就发展得越快。"在国家快速发展的今天，人才竞争更加激烈，如果我们没有一个明确的奋斗方向，立足岗位，实现成才梦想就只能是幻想。

在企业中，每个人都有一个属于自己的岗位，这个岗位就是我们成才的最佳阵地，因为每个人对本职工作最熟悉，对岗位特点最清楚，因而就对钻研什么心中有数。立足本职岗位成才，具有现实可能的基础，干出成绩，获得成功的机会也最大。例如，生产一线的员工，如果没有一定的专业技术知识，不懂得基本的操作技术，就不可能成为一线的技术能手。因此，我们必须立足岗位，干一行、爱一行、专一行，在平凡的岗位上，创造出不平凡的业绩来。

（二）在锲而不舍的刻苦学习中成才

"万丈高楼，起于垒土。千里之行，始于足下。"成才需要日积月累，刻苦勤奋，长期坚持，不畏艰难；贪图安逸是无缘成才的。在日常生活中，我们的工作任务重，属于自己支配的时间比较少，在这种情况下，要想实现成才的夙愿，必须要有锲而不舍、勤奋刻苦的精神。每个年轻人都要发扬这种精神，珍惜宝贵时光，宁可牺牲一些娱乐和休息时间，也不能荒废学习，即使遇到挫折和困难，也要坚持下去，决不能半途而废。

求职就业案例

"工人教授"——窦铁成

从一名只有初中文化的农村青年，成长为为企业创造上千万元效益的电力专家，中国中铁一局电力技师窦铁成用他29年的不懈努力，实现了人生的跨越。

从初中文化程度的普通工人成长为"工人教授"，窦铁成用他朴素的人生经历演绎了当代工人的不凡历程！他一直默默无闻地工作在施工生产第一线，从一名只有初中文化程度的普通工人，成长为电力高级技师，在平凡的岗位上做出了不平凡的业绩。他在29年的工作生涯中，先后提出施工设计变更6次，解决技术难题52项，排除送电运行故障300余次，负责安装的38个铁路、公路变配电所，全部一次性验收通过，一次性送电成功，并全部被评为优质工程。他为企业创造和节约价值1 380万元。

在高度流动分散、工作生活异常艰苦的环境中，窦铁成坚守"一个人可以没有文凭，但不能没有知识和技能"的信念，以只争朝夕的精神和坚韧不拔的毅力，坚持走自学成才、岗位成才之路，几十年如一日，克服常人难以想象的困难，坚持在工作中学习，在学习中工作，认真学习和掌握从事本职工作所需要的新知识和新技能，实现了由实干型向知识型、技能型工人的跨越。窦铁成刻苦自学了《高等数学》《电工学》《电磁学》《电子技术》《电机学》《钣金工艺》《钳工技术》《机械制图》等课程书籍，其中有一些还是大学的教材，记下了60余本、百万余字的工作学习日记。

窦铁成对工作有一种执着的追求，他坚持以"一点也不能差，差一点都不行"的工作态度和"恪尽职守、精益求精"的职业操守，严格执行工作标准和技术规范，创造了一项又一项优质工程。

窦铁成热爱学习、善于学习，而且接受新知识、新事物较快。他不仅能够熟练使用计算机，而且学会CAD制图等计算机应用技术，成为电务公司工人中用计算机设计绘制电力图纸的第一人。电务公司的职工们都愿意与他一起学习和工作，还亲切地称他为"专家""教授"。

启智润心

从上述案例中可以看出，窦铁成能够从一名只有初中文化的农村青年，成长为为企业创造上千万元效益的电力专家，关键在于他几十年如一日的刻苦学习，不断地掌握从事本职工作所需要的新知识和新技能，并且对工作精益求精。因此，作为新时代的新青年，我们应当立足岗位，勤学苦练，干一行，爱一行，专一行，在持续努力中成长为能工巧匠。

拓展阅读

如何应对职业倦怠

职业倦怠，是指上班族在工作的重压之下所体验到的身心俱疲、能量被耗尽的感觉。通常有以下三种表现：一是对工作丧失热情，对前途感到无望；二是工作态度消极；三是对自己工作的意义和价值评价下降，甚至开始打算跳槽甚至转行。

应对职业倦怠，可以从以下方面入手。

1. 重新审视自己的工作

专家认为重燃员工的工作热诚与激情的方法，应该从重新审视岗位描述开始。如果员工产生工作倦怠的原因是由于企业管理混乱，工作职责不清，人力资源顾问应从业务流程梳理开始，重新进行工作分析。如果企业没有规范的业务流程，也不妨在工作分析之前建立规范的业务流程标准文本。

2．转换思维方式

职场倦怠期应该多注意自己的优点，多想好的事情。看问题从积极方面入手，可以产生乐观的情绪，而看问题从消极方面入手，就会产生悲观的情绪。但相当多的人会不由自主地选择悲观，所以必须学会控制自己的思维方式以调控自己的情绪。

3．适当发泄不满的情绪

喜、怒、哀、乐，各种情绪正常人都会有，应当使之有适当的表现机会。压抑情绪只会导致问题越来越多，所以应选择适当的发泄方式。例如，在某个阶段，遇到的挑战比较多，面对的压力比较大，那就可以稍微放松一下，可以去看一看电影、喝一喝咖啡，也可以找一个非常快乐的人，跟他聊聊天，或者通过运动、旅游等表现出来。

4．让生活保持规律

有秩序的生活会使你每天头脑清醒，心情舒畅。每天下班前整理好办公桌，定期清理电脑中的文件和电子邮件。干净整洁的办公环境，能够缓解你紧张和忧虑的情绪。此外，家庭生活也对工作有着重要影响。一个从容的早晨，一顿丰富的早餐也许就决定了你一天的心情和工作效率。没有人会觉得蓬头垢面、饥肠辘辘地赶去上班会让一天都有好心情。

5．积极的心理暗示

大部分时候我们的疲劳并不是因为工作，而是因为忧虑、紧张或不快的情绪。请尝试着"假装"对工作充满热情和兴趣，微笑着去接每一个电话，在上司通知周末加班时从内心叫一声"太好了"，每天早上都给自己打打气……这是心理学上非常重要的"心理暗示"。

探索活动

职场发展的秘诀

活动目的：

进一步了解找准职场定位的方法，树立在自己岗位上成才的志向。

活动内容：

（1）分组。将全班学生分成若干小组，每组4~6人，设组长1名。

（2）各小组对以下情境进行讨论分析，提出解决办法。

① 初入职场，由于业务不熟练，工作中经常会遇到麻烦和难处，事情出了差错，就会遭到领导的批评。

② 初到单位，与同事还不熟悉，感觉很孤单。

③ 所做的工作都是一些简单、重复的事情，感觉不受重视，没有什么前途。

（3）各小组走访当地的劳动模范、技能大师，或是在工作上有所成就的本专业毕业生，了解他们的职场经历，并从中总结有用的经验。走访前要做好相关准备工作，如时间、地点的确定，访谈问题的准备等。

活动检测：

活动结束后，教师可根据表6-3进行评分。

表6-3　探索活动评价表

评分标准	分值	实际得分	备注
积极参与讨论，并能够针对所给情境提出有效的解决办法	25		
走访前做好了相关准备工作	25		
能够从所访谈人员的职业经历中，总结出对自身有用的成功经验	25		
其他	25		
总分	100		

能力训练

游戏：培养团队协作能力

游戏一："无敌风火轮"

游戏类型：团队协作竞技型。

道具要求：报纸、胶带。

场地要求：一片空旷的大场地。

游戏时间：10分钟左右。

游戏玩法：12～15人一组，利用报纸和胶带制作一个可以容纳全体团队成员的封闭式大圆环。将圆环立起来，全队成员站到圆环上，边走边滚动大圆环。

游戏目的：本游戏主要为培养队员团结一致、密切合作、克服困难的团队精神；培养计划、组织、协调能力；培养服从指挥、一丝不苟的工作态度；增强队员间的相互信任和理解。

游戏二："齐眉棍"

游戏类型：团队协作型。

道具要求：3米长的木棍。

场地要求：开阔的场地一块。

游戏人数：10～15人。

游戏时间：30分钟左右。

游戏玩法：全体分为两队，队员相向站立，共同用手指将一根木棍放到地上，手离开木棍即失败。这是一个看似简单但却最容易出现失误的游戏，意在考查团队是否同心协力。

游戏目的：在团队中，如果遇到困难或出现了问题，很多人马上会找别人的不足，却很少寻找自己的问题。这个游戏将告诉大家："照顾好自己就是对团队最大的贡献"；提高队员在工作中相互配合、相互协作的能力；统一的指挥加上所有队员共同努力，对于团队成功起着至关重要的作用。

参考文献

[1] 陈建. 职业生涯规划理论与实践［M］. 北京：航空工业出版社，2017.

[2] 李业明. 职业生涯规划［M］. 上海：上海交通大学出版社，2018.

[3] 夏雨，李道康，王苇. 大学生职业发展与就业创业［M］. 上海：上海交通大学出版社，2017.

[4] 丁梦，王霖，张宝红. 大学生就业指导［M］. 镇江：江苏大学出版社，2017.

[5] 张艳. 大学生职业指导实训教程［M］. 北京：高等教育出版社，2014.

[6] 杨丽敏，吴宝善. 高职生职业生涯规划与就业创业指导［M］. 长沙：湖南大学出版社，2013.

[7] 王宝平，冯晓明. 大学生职业生涯规划与就业创业指导［M］. 北京：航空工业出版社，2018.

[8] 姜玉素. 职业院校学生价值观养成［M］. 北京：航空工业出版社，2017.

[9] 袁国，谢永川. 高职大学生就业指导实用教程［M］. 北京：北京理工大学出版社，2016.

[10] 戴裕崴. 高职生职业生涯规划与就业创业指导［M］. 4版. 北京：高等教育出版社，2018.

[11] 阳立新. 大学生职业生涯规划与就业指导［M］. 镇江：江苏大学出版社，2013.

[12] 严有武，董开鹏，雒保祥. 职业生涯规划与就业指导［M］. 武汉：华中科技大学出版社，2019.

[13] 范琳，胡琼妃. 职业生涯规划［M］. 北京：中国人民大学出版社，2016.

[14] 王韶明. 职业比较与就业指导［M］. 2版. 北京：中国人民大学出版社，2018.

[15] 谭炯玲，黄玉良，林咏君. 大学生就业指导与实训［M］. 北京：北京师范大学出版社，2013.